VIVIR BRUJA

Una guía para jóvenes

ZAYDA RIVERA
Ilustraciones de
JENNIFER DAHBURA

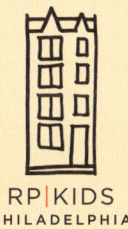

RP|KIDS
PHILADELPHIA

Running Press Kids
Hachette Book Group
1290 Avenue of the Americas, New York, NY 10104
www.runningpress.com/rpkids
@runningpresskids

Distribuido en el Reino Unido por Hachette UK Ltd.
Carmelite House, 50 Victoria Embankment, Londres, EC4Y 0DZ

Primera edición: julio de 2025

Publicado por Running Press Kids, un sello de Hachette Book Group, Inc. El nombre y el logotipo de Running Press Kids son marcas comerciales de Hachette Book Group, Inc.

Hachette Speakers Bureau ofrece una amplia gama de autores para eventos. Puede encontrar más información en www.hachettespeakersbureau.com, o bien escriba un correo electrónico a HachetteSpeakers@hbgusa.com.

Los libros de Running Press pueden comprarse al por mayor para uso comercial, educativo o promocional. Para obtener más información, póngase en contacto con su librero local o con el Departamento de Mercados Especiales de Hachette Book Group en Special.Markets@hbgusa.com.

El editor no se hace responsable de los sitios web (ni de su contenido) que no sean de su propiedad.

Portada y diseño interior del libro impreso: Mary Boyer

Se han solicitado los datos de catalogación de la Biblioteca del Congreso.

ISBNs: 978-0-7624-8822-3 (tapa dura); 978-0-7624-8771-4 (libro electrónico)

Impreso en Guangdong, China

1010

10 9 8 7 6 5 4 3 2 1

ÍNDICE

· · · · · · · · ❋ · · · · · · · ·

Introducción: Carta a la lectora y Los comienzos de una bruja v

CAPÍTULO UNO:
Bruja: una exploración de la palabra 1

CAPÍTULO DOS:
Brujxs en el mundo actual 11

CAPÍTULO TRES:
Aceptar tu bruja interior, tu espíritu, tu naturaleza 17

CAPÍTULO CUATRO:
Elementos esenciales 27

CAPÍTULO CINCO:
Figuras ancestrales y altares 47

CAPÍTULO SEIS:
La luna y el sol 57

CAPÍTULO SIETE:
Rituales 71

CAPÍTULO OCHO:
Meditación 79

CAPÍTULO NUEVE:
Comprensión de los chakras 89

CAPÍTULO DIEZ:
Limpias y baños 99

CAPÍTULO ONCE:
Otras herramientas de introspección 111

CAPÍTULO DOCE:
Magia práctica en la vida cotidiana 121

Conclusión: Cómo seguir adelante con tu magia 130
Agradecimientos 132
Sobre la autora 133
Sobre la ilustradora 134

INTRODUCCIÓN

Carta a la lectora

P ensaste alguna vez en alguien —quizás solo por un segundo— y al ratito viste a esa persona caminando por la calle o recibiste un mensaje de ella? ¿Alguna vez te imaginaste haciendo algo muy bien y, cuando lo realizaste, salió exactamente como lo habías pensado? ¿Alguna vez percibiste los sentimientos de otra persona como si fueran propios?

Si respondiste afirmativamente a alguna de estas preguntas: Eres. Mágica. Es hora de aceptar tu bruja interior. En la actualidad, brujas, brujos o brujxs (con una ortografía en género inclusivo) alrededor del mundo aceptan lo que significa *ser* mágicas, mágicos o mágicxs y vivir libre y plenamente en esa energía.

Cuando piensas en alguien o te imaginas una situación y esa persona aparece o lo imaginado se materializa, significa que puedes manifestar las cosas o hacer que tus sueños y deseos se conviertan en realidad. Si puedes hacer algo así de pequeño, imagina todo lo que eres capaz de crear con tus pensamientos e intenciones.

Cuando comprendes la importancia de tu respiración, del latido del corazón y de la conexión con la Tierra y tu entorno, sentirás dónde comienza la magia. A medida que aceptes tu bruja interior y descubras las formas en que puedes vivir a todo color y en amor pleno, te encontrarás con quien eres de verdad y compartirás tu hermosa luz con el mundo.

En este libro, identificarse como bruja hace referencia a la práctica de trabajar con los elementos de la vida por medio de los cuales todas las personas estamos conectadas. De ninguna manera se trata de alterar la voluntad de otra persona ni de tomar el control de asuntos que le corresponden al Universo. Se trata de comprender que somos artífices de nuestras vidas junto al Universo, y que podemos manifestar cualquier cosa si esta se alinea con nuestra esencia y si está basada en el amor.

¿Estás preparada? Comencemos.

Con amor,
Zayda

Los comienzos de una bruja

$\cdots\cdots\ast\cdots\cdots$

Recuerdo el momento en que empecé a creer en la magia. No la magia que aparece en las películas y en los programas de televisión, que muestran brujas volando en escobas por el cielo nocturno y hadas con varitas mágicas. ¡Y por supuesto no es que haya algo malo con esos personajes de ficción! Me refiero a la magia verdadera que proviene de nuestro interior y trasciende más allá del ámbito terrestre.

A los nueve años, descubrí que llenar las páginas de mi diario con los pensamientos que me abrumaban me daba paz. Un día particularmente difícil, fui a mi cuarto para estar sola y escribir. De manera intuitiva, o sin pensarlo dos veces, me senté en la cama con las piernas cruzadas, en una postura de meditación. Si bien entonces no sabía que estaba meditando, supe que era lo que necesitaba en ese momento. Cerré los ojos y escuché mi respiración entrar y salir de mi cuerpo. De pronto, comencé a mecerme ligeramente. Podía sentir que me movía. No era la primera vez que me pasaba. Balancearme de este modo ya me había ocurrido algunas veces, en momentos cuando necesité escabullirme y sentarme sola en mi cuarto con los ojos cerrados y escuchar mi propia respiración. Disfruté de esa sensación y me dio curiosidad descubrir más sobre ella.

Las primeras veces, estaba demasiado nerviosa como para abrir los ojos, pero ese día quise hacerlo. Lentamente, abrí mi ojo derecho y luego el izquierdo mientras miraba hacia mi regazo, aún sintiendo el balanceo, y pude ver mi cuerpo apenas moviéndose. Era un movimiento tan pequeño que, si no lo hubiera sentido, quizá no habría podido verlo. ¡Pero ahí estaba! Algo que me hacía sentir segura estaba presente en esos momentos en que necesitaba consuelo, paz y protección.

Lo que más me sorprendió fue no sentir miedo. Simplemente sabía que era algo bueno y que en cuanto lo recibiera, estaría presente en mi vida para siempre. Cualquiera que fuera la fuente de esta fuerza, a partir de ese momento, transformó mi manera de pensar en el mundo. Sabía que algo más grande que yo me cuidaba.

A medida que continué explorando ese "algo más grande", pasé por diversas religiones y asistí a diferentes servicios religiosos con familiares: fui a la iglesia católica con mi abuela materna, a la iglesia bautista con mi tía, a la pentecostal con mis padres y hermanos. Encontré belleza dentro de cada uno de esos lugares de culto, pero no la conexión profundamente auténtica que sentí mientras estaba sentada en silencio en mi cuarto, escuchando mi respiración. Quería saber más sobre eso, de qué se trataba y qué papel jugaba en mi vida.

Las formas en que elegí comunicarme con el Poder Superior, con mi equipo espiritual (hablaré más sobre esto más adelante) y con los elementos —tierra, agua, aire, fuego— han hecho que algunas personas me consideren una bruja, término que ha sido ampliamente malinterpretado a lo largo de la historia e incluso hoy. Si bien en la actualidad asistimos a una mayor aceptación de la palabra, todavía hay mucha gente que no comprende lo que realmente significa ser una bruja. Ya sea que decidas aceptarla, reconocerla o rechazarla por completo, es importante conocer y entender las raíces de la palabra y su viaje, para que puedas decidir si es algo que te gustaría explorar en tu vida.

CAPÍTULO UNO
BRUJA: UNA EXPLORACIÓN DE LA PALABRA

¿Qué significa bruja?

················❋················

Es asombroso cómo una sola palabra puede contener tanto sentido y tanta historia, tantas emociones y relatos. Bruja es una declaración poderosa. Su origen es difícil de precisar, pero la palabra bruja es internacional y transcultural.

Durante siglos, bruja, una de las palabras que se usan en español para "hechicera", se usó en todo el mundo y se definió de muchas maneras, según la situación en la que se usara. En términos generales, la palabra bruja se asoció al misticismo latinoamericano. Han existido brujas y brujos desde el Caribe hasta México y en los parajes alejados de América Central y del Sur.

Mientras el significado de la palabra sigue evolucionando, los tabúes del pasado acerca del sentido de la brujería (y de lo que hacen las brujas) afectan la forma en que se la ve actualmente. En el pasado, e incluso hasta la actualidad (aunque es cada vez menos frecuente), las brujas han sido, por lo general, representadas como algo malo o malvado.

Todo el mundo conoce el cuento de la bruja buena y la bruja mala. Desde películas como *El mago de Oz* o *Viaje a Halloweentown* hasta programas como *Sabrina, la bruja adolescente* y *Los hechiceros de Waverly Place*, junto con películas más nuevas como *Abracadabra 2*, nos resulta familiar la imagen de una mujer de aspecto tenebroso con un sombrero en punta que vuela por todos lados en una escoba. Por más que el objetivo haya sido entretener, la forma como se muestra a las brujas en el contenido que miramos, desde cómo se visten hasta cómo viven, influye en la manera en que la sociedad percibe a las brujas.

Historia de la brujería: desde los orígenes hasta los conquistadores

Históricamente, las brujas eran miembros importantes de la sociedad y brindaban sanación a las personas que formaban parte de su comunidad. En muchas partes del mundo donde se practicó la brujería, también se la usaba en las celebraciones de casamientos, nacimientos e incluso de la muerte. El misticismo del oficio provino de trabajar con recursos de la tierra como hierbas, flores, plantas y árboles sagrados, así como con los elementos agua, fuego y aire. Las brujas entendían el poder de trabajar con el ciclo de las fases lunares, ya que puede influir y transformar la vida.

Las brujas preparaban baños y limpias sagradas —que son baños y limpiezas espirituales— usando hierbas, aceites, flores y otros ingredientes esenciales para ayudar a sanar heridas o limpiar la negatividad y las energías estancadas, lo cual permite hacer lugar para las manifestaciones. En los capítulos siguientes, exploraremos más a fondo estos rituales.

Según la ubicación geográfica, se las llamó de diferentes maneras. En las tradiciones mesoamericanas —aquellas que se encuentran en partes de México

y países centroamericanos como Guatemala, Honduras, Belice, El Salvador, Nicaragua y Costa Rica— a estas personas sanadoras se las llamaba curanderas, curanderos y chamanes, nombres que se siguen usando actualmente.

Los taínos, el pueblo indígena del Caribe, llamaban behikes a las personas que se dedicaban a la medicina y la sanación. Estas personas eran, en esencia, los médicos o médicas de sus aldeas y comunidades, y si padecías alguna enfermedad mental, física o espiritual, ibas a atenderte con el behike de la aldea. Según el padecimiento que te aquejara, esta persona sanadora decidiría qué ritual era necesario para comenzar la sanación. Podía ser una limpieza ritual que utilizara los cuatro elementos e incluyera música, cantos, danzas y conjuros, o bien podía simplemente darte un té especial para beber. Cualquiera fuera el caso, el objetivo era sanar y superar el padecimiento.

Estas personas sanadoras eran también un elemento importante en las celebraciones y los rituales comunitarios y, a menudo, guiaban a la aldea en las plegarias o invocaciones del Espíritu, la Fuente, Dios o el Universo; todos esos nombres refieren a lo mismo: el reconocimiento de un Poder Superior que nos ayuda y nos guía en nuestra travesía humana.

Algunos grupos indígenas veían a estos poderes superiores como una multiplicidad de dioses que eran responsables de aspectos diferentes de nuestra vida. Por ejemplo, la santería, tradición religiosa de origen africano que se encuentra sobre todo en Cuba y en partes del Caribe, reconoce a varios dioses o deidades, como Yemayá, la reina del mar, u Oshun, una deidad importante de los ríos.

En el siglo xv, cuando los exploradores europeos se hacían a la mar rumbo a distintos lugares del mundo, se encontraron con civilizaciones que habían existido durante miles de años antes de su llegada, entre ellas, los taínos del Caribe, que fueron el primer pueblo con el que tuvo contacto Cristóbal Colón cuando su barco tocó tierra en 1492. En estas sociedades, se practicaba la brujería y se adoptaban otras formas de creencias espirituales y religiones indígenas que fueron consideradas malignas por los exploradores, sencillamente porque no las entendían y eran distintas de lo que ellos mismos practicaban: una religión llamada cristianismo ampliamente adoptada en Europa.

Los exploradores invadían los territorios habitados por los indígenas, aprendían sus formas de vida y volvían a Europa con el relato de sus exploraciones y descubrimientos. Luego volvían a estas tierras extranjeras y establecían, a menudo por la fuerza, sus propias tradiciones, en gran medida basadas en la fe cristiana. Esto alteró con rapidez el sentido y las opiniones en torno a las personas sanadoras de la comunidad —o bien brujas, curanderas o behikes— a quienes se percibía como practicantes de tradiciones contrarias a la forma de vida cristiana, tradiciones que, a su vez, se consideraban malignas, blasfemas o sacrílegas. Si quienes habitaban las aldeas se negaban a adoptar la fe de los exploradores, se enfrentaban a consecuencias que incluían la esclavitud, la pobreza e incluso la muerte.

Mantener viva la brujería

· · · · · · · · · · ❋ · · · · · · · · · · ·

A pesar de los esfuerzos de los conquistadores, las prácticas espirituales indígenas continuaron, a menudo llevadas a cabo a la luz de la luna, lejos de la mirada vigilante de los colonizadores. Estos rituales nocturnos fueron utilizados por los recién llegados como ejemplos para reforzar su afirmación de que las prácticas espirituales indígenas se basaban en magia negra y, por lo tanto, se debían celebrar lejos de la luz diurna, una narrativa que hoy sigue presente como estereotipo.

Mientras el cristianismo se volvía la religión dominante en todo el mundo, las prácticas espirituales indígenas se relegaron aún más a las sombras. Esto tuvo graves consecuencias para quienes siguieron practicando rituales espirituales ajenos al cristianismo, lo cual hizo que muchas personas se convirtieran y desconectaran de la sabiduría indígena ancestral. Otras personas continuaron con sus prácticas en el ámbito privado, incorporándolas a los rituales hogareños, mientras que en público mantenían la devoción por la iglesia.

Es importante señalar que, a través de las generaciones, los linajes indígenas adoptaron profundamente el cristianismo, y esto, hoy en día, puede verse con claridad en sus descendientes. Muchas familias latinas son devotas feligresas y, aun así, sus prácticas espirituales indígenas sobreviven en su fe.

EL SIGNIFICADO DE LOS TOCADOS

Las personas que siguieron practicando rituales espirituales indígenas a menudo usaban prendas simbólicas de su fe. El tocado fue una manera de honrar esas prácticas sin que los colonizadores supieran qué simbolizaban. Esta pieza de género envuelta alrededor de la cabeza representaba la historia, la espiritualidad y la resistencia a la opresión que estaban sufriendo los pueblos indígenas y esclavizados.

El tocado viajó desde África hasta el Caribe y América Latina, e influyó en las tradiciones espirituales y culturales a través del tráfico transatlántico de esclavos y de la diáspora africana, que dispersó, desplazó y obligó a personas de un mismo lugar a vivir en comunidades apartadas. Durante esa travesía, el tocado cumplía varias funciones: era una protección contra el sol ardiente mientras se trabajaba muchas horas en el campo y, además, una forma de protección espiritual. También actuaba como estrategia para disimular las intrincadas rutas de fuga que las personas esclavizadas seguían para poder ser libres. Estas rutas estaban entretejidas en sus cabellos con trenzas y giros, y el tocado escondía los mapas hacia la libertad.

El poderoso simbolismo del tocado también se evidencia en la misa, una reunión espiritual que se celebra en la santería y en la religión afrodiaspórica del candomblé, que se practica en Brasil. Los colonos trataron de cambiar la forma como se usaban los tocados, mediante iniciativas como la Ley Tignon en Luisiana, en el siglo XVIII, que obligaba a las mujeres africanas libertas a llevar un pañuelo en la cabeza para tapar sus peinados, muchas veces sofisticados y culturalmente significativos, y para diferenciarlas de la clase más rica.

A pesar de sus esfuerzos, los tocados siguieron usándose como símbolo espiritual, y ello sigue siendo evidente en la actualidad. Como forma de resistencia, los pueblos indígenas y esclavizados comenzaron a usar espléndidos tocados. En lugar de ser solo un pedazo de tela envuelto alrededor de la cabeza, se convirtió en una declaración de moda, con joyas, plumas y cuentas.

Hoy en día, muchas personas que son sanadoras espirituales se ponen estos tocados para honrar la forma en que los lucían nuestros ancestros y ancestras, como una declaración de moda y, también, como elemento para rituales y ceremonias espirituales. La creencia de que el tocado protege el chakra corona, por un lado, y el movimiento energético que asciende a través de la columna por encima de la cabeza o coronilla, por el otro, sigue siendo relevante en las prácticas espirituales actuales.

CAPÍTULO DOS
BRUJXS EN EL MUNDO ACTUAL

Lo "bueno" y lo "malo"

·············❋·············

Casi todo en la vida tiene un lado bueno y un lado no tan bueno. Con la brujería pasa lo mismo. Según los estereotipos, la "magia negra" hace referencia a hechizos y otros trabajos rituales que implican controlar la voluntad de otra persona o cambiar sus circunstancias sin su consentimiento; son trabajos que por lo general se consideran malignos. Por otro lado, el trabajo espiritual que se centra en purificar el espíritu, aliviar la ansiedad y el estrés y eliminar la energía negativa y estancada para hacer lugar a las manifestaciones se puede definir como "magia blanca". El contraste entre la magia negra y la blanca se ve afectado por la historia y la cultura popular, que continúa presuponiendo la idea errónea y anticuada de que lo negro es malo y lo blanco es bueno. En este libro, dejamos de lado las expresiones magia blanca y magia negra y nos centramos en el trabajo espiritual positivo y amoroso cuyo propósito es sanar y encontrar el equilibrio, y no en el trabajo cuya intención es hacer daño a personas, lugares y objetos.

Por supuesto, existen quienes usan la práctica de la brujería de mala manera. Esto puede incluir hacer hechizos o maleficios dirigidos a otras personas para modificar el curso de los acontecimientos o el resultado de una situación. Este libro no trata en absoluto sobre ese tipo de prácticas.

Cuando utilizas la magia que hay en ti para enviarles energía negativa a otras personas, te dañas más a ti misma que a ellas. De hecho, si intentas utilizar la magia para controlar o lastimar a otra persona, lo que haces, en cambio, es obstruir tu propio camino hacia la grandeza. Entonces, lidera con amor, con la intención de sanar lo que haya que sanar, y abre tu corazón a la inmensa belleza que esta vida puede traerte si estás dispuesta a verla, recibirla y creer en ella. La magia sobre la que aprenderás en este libro se centrará en amar, sanar y trabajar sobre tus partes ocultas y crear espacio para el crecimiento y la transformación.

Personas impostoras versus las estudiosas del oficio de toda la vida

················ ✳ ·············

Mientras buscas conocimiento y sacias tu sed de una comprensión más profunda de lo mágico, te encontrarás con diferentes maestros y maestras. Elegir a las personas guía más adecuadas para ti podría ser la mayor prueba de intuición de tu vida. No creas en todo lo que oyes en las redes sociales y en la internet. Recuerda que son plataformas libres y abiertas para quien quiera usarlas. Y, al igual que la magia buena y la no tan buena de las que hablamos más arriba, no todas las personas que hablan sobre brujería o espiritualidad en línea tienen las mejores intenciones.

Se deben tener en cuenta algunas consideraciones cuando se buscan guías espirituales respetables. Averigua cómo y por qué aprendieron a hacer el trabajo. ¿Fue un conocimiento que se transmitió por generaciones de personas sanadoras espirituales o brujas de la familia? ¿Estudiaron con maestros y maestras confiables? Busca estudiantes de larga data del oficio, ya sea por herencia familiar o porque el conocimiento ha sido adquirido mediante el estudio metódico. Mantente lejos de quienes se suben a la ola de las tendencias. Seguir a practicantes espirituales impostores puede hacer que recibas información falsa que siga perpetuando los estereotipos y los mitos sobre el sentido de ser una bruja.

¿Qué entendemos hoy por bruja?

Mientras la brujería gana popularidad en las redes sociales, mucha gente la está usando como fuente de empoderamiento y de libertad frente a las imposiciones sociales. Muchas veces, una bruja es un alguien que piensa de manera independiente y aprende a trabajar con los elementos para crear magia en su vida y en las del resto de las personas.

Cualquiera, más allá de su identidad de género, puede llamarse una bruja. Si prefieres brujo o brujx, ¡fantástico! Es tu decisión. En este libro los términos se usan indistintamente porque la magia existe en todas las personas, sin importar el género. Estas prácticas suelen llevarse a cabo por fuera de la religión y se centran más bien en adoptar la espiritualidad. En nuestros días, cualquiera puede ser bruja, brujo o brujx, incluso tus amistades o colegas que viven en grandes ciudades y en los suburbios.

Hoy en día, en muchos hogares latinos, puedes encontrar que la religión y la espiritualidad están entrelazadas. Puede haber reconocimiento, comprensión y creencias próximas a una religión específica al tiempo que también se descubre la importancia de la sabiduría espiritual indígena, a la que algunas personas pueden llamar brujería.

Soy alguien que practicó la espiritualidad y las tradiciones espirituales indígenas por más de una década, y descubrí ya de adulta que mi abuela, católica devota, también tenía fe en prácticas ancestrales. Si bien el catolicismo tenía una gran importancia en su vida, también realizaba algunas prácticas profundamente enraizadas en las tradiciones espirituales indígenas, como colocar recipientes con agua por toda la casa para absorber energías negativas, o bien renovar la decoración de todas las habitaciones de su hogar con el cambio de las estaciones para revitalizar la energía y mantener el libre flujo de la abundancia y las bendiciones. Nunca la escuché pronunciar las palabras bruja o brujería, y yo no conocía nada de eso cuando era niña, pero comprendí que la religión y la espiritualidad se podían practicar al mismo tiempo. A pesar de que ella no se identificara con la palabra bruja, sus acciones adoptaban las tradiciones espirituales heredadas de sus figuras ancestrales y de las mías.

Ser bruja significa despertar la luz dentro de nosotras. Es como tener un diálogo con el Universo que nos orienta en nuestra travesía humana. Es una frecuencia. Una vibración. Tiene un ritmo interno determinado. Comprender esa magia dentro de ti es uno de los aspectos. Saberla, sentirla y verla materializarse en tu vida es la manera en que verdaderamente adoptas la palabra bruja y la celebras dentro de ti. Una vez que descubras lo conectada que estás con todo lo que te rodea, tu vida ya nunca volverá a ser la misma.

CAPÍTULO TRES

ACEPTAR TU BRUJA INTERIOR, TU ESPÍRITU, TU NATURALEZA

Lo mejor de despertar a tu espíritu es que, una vez que comienzas, no hay forma de detenerlo. Me gusta pensarlo como un interruptor de luz que se enciende y se apaga en diferentes momentos de nuestras vidas. Para mí, ese interruptor se encendió por primera vez cuando tenía nueve años. Pero no permaneció encendido. La luz se fue apagando a medida que fui creciendo y pasé por la escuela primaria, la escuela secundaria y la universidad. Fue recién cuando me gradué de la universidad y decidí mudarme a Hawái por una corazonada que volví a sentir la luz.

El primer día que llegué a Hawái, estaba entusiasmada, pero también nerviosa, por estar tan lejos de mi familia por primera vez, en especial de mi mamá. Me senté en la cama del hotel y comencé a llorar, mientras cuestionaba mi decisión. Luego, sentí un empujoncito, como si alguien me dijera que levantara la cabeza y mirara por la ventana. Cuando miré la espectacular vista del océano, apareció un maravilloso arcoíris. No sé cuánto tiempo estuve allí, contemplando ese arcoíris, pero sabía que era un mensaje de algo mucho más grande que yo que me decía que todo estaría bien.

Este fue el nuevo comienzo de mi camino, y aunque volvería a enfrentarme al miedo y la incertidumbre, también sé que en ese momento tuve la confianza de que nunca estaría sola.

Recuerda: es posible que la luz brille un poco más o un poco menos en diferentes momentos a lo largo de tu viaje, pero, una vez que se encienda, una vez que comiences a creer en la magia de tu interior y en tu conexión con todo, esa luz nunca volverá a apagarse. Es probable que sea tan tenue que puedas verla o sentirla apenas, pero ahí está. Confía en ella.

¿Qué es un despertar espiritual?

El despertar espiritual comienza cuando te conectas por primera vez con tu alma y notas que existe una consciencia profunda que puede brindarte guía, protección, amor, sanación y paz. Depende de ti si quieres continuar explorando las infinitas posibilidades que ofrece ese conocimiento.

Puedes experimentar un despertar espiritual más de una vez en la vida. ¿Recuerdas el interruptor de luz? Una vez que se enciende, ya nunca se apagará por completo. Por momentos, la luz se vuelve tan débil que resulta difícil poder verla. A lo largo del camino, tu sabiduría te hará más receptiva a los mensajes de tu propia conciencia, el Universo o Poder Superior y a tu equipo de espíritus, el cual incluye a las figuras ancestrales o personas de tu familia que te anteceden, así como a otras energías destinadas a protegerte y a guiarte en tu recorrido, como, por ejemplo, los espíritus animales y los ángeles. Cuando no le encuentres sentido a la vida, cuando sientas que la ansiedad se apodera de ti, puedes invocar a tu equipo espiritual para que te apoye. Todas y cada una de las personas tenemos un equipo que nos apoya, listo para que le pidamos ayuda. El mero acto de pedir ayuda demuestra que crees que existe vida más allá del plano físico y que tienes voluntad para trabajar con ella.

Cómo conectarte con el Espíritu

· · · · · · · · · ❁ · · · · · · · ·

En este libro, la palabra "Espíritu" se refiere a nuestra verdadera esencia y a un Poder Superior que nos guía y nos ayuda a crear nuestra vida. Existen distintas variantes del término. Algunas personas llaman a esta energía o Poder Superior, Dios, Fuente o Universo, y algunas comunidades indígenas hablan del Gran Misterio. Es más bien una sensación. Es la convicción profunda de que las personas no estamos solas.

Ya sea que estés pasando por un momento difícil o experimentando una felicidad absoluta, el Espíritu está allí. El Espíritu existe en nuestro interior y en todo lo que nos rodea. Podemos encontrar el Espíritu en los pétalos de una flor, en las alas de una abeja, en las gotas de lluvia que caen sobre la tierra, en las profundidades de nuestros vastos océanos, ríos y lagos, y en la luna y las estrellas. Por ello, conectarte con el Espíritu es tan simple como percibir lo que te rodea y reconocer que eres energía que fluye con toda la energía a tu alrededor, la de los cuatro elementos y la de todo lo que existe.

Conexiones con la naturaleza

✳

SER DE LA TIERRA

Durante generaciones, los pueblos indígenas han creído que no existe separación entre la tierra y nosotras las personas. Somos uno y lo mismo. Nuestro planeta se refleja en los seres humanos y los seres humanos somos su reflejo. Una de las formas más importantes de mostrar este reflejo es a través del agua, que abarca más de la mitad de nuestro planeta y de nuestro cuerpo. Así como las mareas suben y bajan con las fases lunares, las personas también nos vemos enormemente afectadas por los ciclos de nuestro satélite. Lo mismo se puede decir de la salida y la puesta del sol. Es por eso que trabajar con la luna y el sol siempre ha sido una parte esencial de las prácticas espirituales indígenas.

Piensa en las estaciones del año. Cuando comienza el invierno, muchas personas sienten la necesidad de bajar el ritmo, refugiarse y adoptar la calma. Nuestros amigos los animales sienten lo mismo; es por eso que vemos que muchos de ellos hibernan durante los meses de invierno y vuelven a aparecer en la primavera, como las flores. Así, las prácticas espirituales indígenas incluyen hierbas, plantas, flores y otros elementos de la tierra. Existe una conexión directa entre los ciclos de nuestros compañeros terrestres y nosotras las personas. Esta conexión se siente en lo más profundo de tu ser si te lo permites. La mejor manera de hacerlo es creer que tenemos una conexión con los árboles que vemos todos los días, las flores que nos maravillan y la tierra sobre la que caminamos.

Pruébalo tú misma. Siéntate junto a una flor hermosa y contempla su belleza para ver y sentir la maravillosa conexión que existe entre ella y tú. Logra ver esa flor más allá de lo superficial. Los pétalos, el tallo, las hojas, las raíces. Es un verdadero milagro que esa flor crezca de una semilla hasta florecer por completo. Contempla los pétalos y, si quieres, establece la intención de recibir mensajes de la flor. Puede que lo que escuches te sorprenda. Algunas creencias indígenas sostienen que las flores tienen alma y que, incluso, pueden ser la reencarnación de un pariente. Lo mismo se puede decir de los pájaros y de cualquier ser viviente.

Contemplar una flor es una forma de conectarte. También puedes hacerlo a través de la meditación, la oración, el canto y la alimentación consciente, así como de mantener tu bienestar espiritual realizando prácticas diarias que están orientadas a elevar y a despertar tu alma.

CÓMO ENTENDER LAS CUATRO ESQUINAS

Trabajar con los elementos tierra, aire, fuego y agua significa que reconoces la conexión que tenemos con el mundo, todo lo que contiene y la magia en tu interior que se alinea con una energía vital universal. Puedes considerarla como una pulsación o un latido con los que estamos en una sintonía rítmica constante, siempre y cuando trabajemos a diario en aspectos como mostrar agradecimiento, no preocuparnos, no sentir que la ira nos invade y tratar a todas las personas con amabilidad. Puede que no siempre lo logremos; los sentimientos de inestabilidad nos indican que perdimos la conexión con esa fuerza vital. La buena noticia es que tenemos la fortaleza para retomar esa sintonía rítmica mediante la respiración, la meditación, la oración y otros rituales espirituales como las limpias y los baños (hay más información sobre estas dos últimas prácticas en el capítulo diez).

Una forma de hablar con el Universo y de mostrar gratitud por esa potente conexión es invocar a las cuatro esquinas al comienzo de los rituales espirituales. Las cuatro esquinas representan, por lo general, los cuatro puntos cardinales (norte, este, sur y oeste), pero también están alineadas con los cuatro elementos: aire (norte), tierra (este), fuego (sur) y agua (oeste), y los colores que representan el movimiento del sol en el cielo. El blanco es la luz del amanecer que representa el este, el cielo azul diurno es el sur, el atardecer amarillo es el oeste y el negro del cielo nocturno representa el norte. Nuestros ancestros y ancestras usaban los puntos o esquinas para orientarse cuando exploraban la tierra, pero también como recursos para ayudar en la sanación espiritual.

Cada dirección simboliza algo diferente en nuestro interior, que es otra forma de reconocer la conexión sagrada entre nuestra energía y el Universo. La sabiduría espiritual indígena también define las cuatro direcciones o esquinas dentro de las etapas de la vida, las estaciones del año y los aspectos de la vida. Existen cuatro etapas en la vida: nacimiento, infancia, adultez y muerte. También son cuatro las estaciones del año: invierno, primavera, verano y otoño. Los aspectos de la vida son las capas de nuestra personalidad que necesitan amor. Ser consciente de los cuatro aspectos (físico, mental, emocional y espiritual) y de cómo fluimos por la vida cuando están en equilibrio nos garantiza una existencia mágica. A veces, las cuatro esquinas también se refieren a espíritus animales. Los taínos creían que las aves sagradas representaban las cuatro direcciones.

GUÍAS ANIMALES

Los colibríes simbolizaban el norte y representaban toda la sabiduría que obtenemos mediante las experiencias de vida. El poderoso halcón representaba el este y la confirmación de que cuando se vive en equilibrio con el Universo y con atención en el presente, la vida es brillante y hermosa. El pavo simbolizaba el sur, nuestra inocencia y el ser de mente abierta. El sabio búho representaba el oeste, la dirección que nos inspira a explorar nuestro interior para encontrar las respuestas a nuestras preguntas sobre la vida, dado que está asociado a nuestras sombras y la noche.

En el curanderismo, se cree que algunas partes de nuestra alma pueden alejarse de nuestro ser según lo que experimentemos en la vida. Podemos recuperar esas partes trabajando con las diferentes esquinas, puntos cardinales o espacios. Comienzas tu trayecto en el sur, para recuperar la porción de tu alma que se alejó, descubriendo y entendiendo qué fue lo que provocó ese alejamiento y cómo puedes recuperarla. En el oeste, nos centramos en soltar todo aquello que ya no nos sirve, como los malos hábitos, y en redescubrir nuestra fortaleza. El norte es donde vive la guía de nuestras figuras ancestrales. Su sabiduría ilumina nuestro camino si nos disponemos para escucharlas. Una vez que descubrimos la causa del problema o el desafío que enfrentamos (sur), trabajamos para liberar la tensión, la ansiedad o el conflicto que genera (oeste) y escuchamos la guía de nuestras figuras ancestrales (norte), entonces hemos creado un espacio para un nuevo comienzo, que reside en el este.

Brujas, curanderas, chamanas, behikes, o como quieras llamar a las personas espiritualistas o practicantes espirituales, trabajan estrechamente con las cuatro direcciones y los simbolismos y representaciones asociados a ellas. Establecer la intención de trabajar con las cuatro esquinas es fácil. Simplemente debes reconocer cada espacio: primero, párate y mira hacia el sur, luego gira tu cuerpo hacia la siguiente dirección, y así hasta que hayas saludado hacia los cuatro puntos. Puedes usar una herramienta espiritual para hacerlo, ya que te permitirá tener una representación más física de lo que estás invocando de forma espiritual. Algunas personas espiritualistas soplan una caracola para emitir un sonido fuerte, similar al de un cuerno, en cada una de las direcciones.

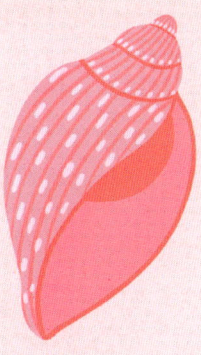

Otras queman salvia o palo santo para hacer humo y así representar el elemento de aire. El humo sagrado se sopla o abanica con una pluma en la dirección hacia donde miras. Este ritual lo llevan a cabo personas espiritualistas experimentadas, y no se recomienda para quienes sean principiantes. Si el humo te genera curiosidad, no realices esta práctica sin la supervisión de una persona adulta. A veces la intención se pronuncia en voz alta para reconocer las cuatro esquinas, o bien se puede crear un altar con diferentes materiales, algunos de los cuales deben apuntar hacia las cuatro direcciones. Incluso si no tienes ninguno de estos objetos, puedes conectar con tu corazón y mirar en cada dirección, tomándote un momento entre esquina y esquina para reconocer lo que estas cuatro esquinas representan en nuestras vidas y expresar gratitud por ello.

Libera tu creatividad. ¿Qué te llama la atención? Al momento de conectarte con la magia interior, lo más importante es usar tu intuición. ¿Qué te dice tu voz interior? Escucha atentamente y no intentes adivinar. A medida que se profundice tu práctica, aumentará tu capacidad de escuchar tu voz intuitiva y podrás notar la diferencia entre la guía y la voz del ego que bloquea tu camino con ansiedad, preocupación, dudas, negatividad y procrastinación.

CAPÍTULO CUATRO

ELEMENTOS ESENCIALES

Tu brujería:
la puesta en práctica

························❋························

En tus prácticas espirituales, deberían estar representados los cuatro elementos. Hay un quinto elemento que debe considerarse, y ese elemento eres tú. Tu intuición e intención en torno a tus prácticas son ingredientes esenciales, siempre. Son el fuego que enciende tu magia. Eres el aire que fluye con el Universo para crear cosas hermosas. Tu cuerpo físico puede representar el agua, el elemento del cual se compone principalmente, y eres un único ser con la tierra. Los elementos existen dentro de ti. Entonces, piensa en las otras herramientas e ingredientes que usarás en tu práctica de magia como la cereza del postre, y tú eres el postre. ¡La magia comienza en ti!

Velas

· · · · · · · · · · · · ✳ · · · · · · · · · · · · ·

Las velas son un elemento maravilloso para incluirlas en tus prácticas espirituales y representar con ellas el elemento fuego. El color de la vela representa varias cosas, tales como el signo zodiacal que le corresponde, los chakras y las distintas intenciones. Por ejemplo, una vela negra puede ser usada para la protección y una rosada para el amor propio. Una vela verde puede corresponder al chakra del corazón, que se representa con el mismo color.

ROJO	Amor, estabilidad, anclaje (se asocia al chakra raíz)
NARANJA	Creatividad y nuestra identidad (se asocia al chakra sacro)
AMARILLO	Confianza, claridad (se asocia al chakra del plexo solar)
VERDE	Dinero, abundancia, amor (se asocia al chakra del corazón)
AZUL	Expresión, sabiduría, espiritualidad (se asocia al chakra de la garganta)
ÍNDIGO	Autorreflexión, conocimiento (se asocia al chakra del tercer ojo)
VIOLETA	Intuición, sabiduría (se asocia al chakra corona)
DORADO	Éxito, abundancia (se asocia al chakra corona)
BLANCO	Sanación, protección (se asocia al chakra corona)
ROSA	Amor propio, amistad
NEGRO	Protección
MARRÓN	Equilibrio, estabilidad
GRIS	Protección, neutralización

Cada vez que uses una llama expuesta en tus rituales, sé cautelosa y pide ayuda a una persona adulta. Reza y establece tus intenciones antes de prender la vela. La llama representa en forma física tu intención. Mientras arde, tus intenciones se iluminan. Incluso puedes grabar en la cera una palabra o un símbolo antes de encenderla, o bien bendecirla con un manojo de hierbas que coincidan con tu intención. Las hojas de laurel se han usado para establecer intenciones relativas a la abundancia. Puedes tomar hojas de laurel y ponerlas alrededor del candelabro antes de encender la vela. Da un paso más y escribe tus intenciones en las hojas de laurel con una lapicera o con un marcador. La llama de la vela representa tus intenciones enviadas al éter.

Palo santo

❈

El palo santo representa los elementos tierra y aire. El elemento aire proviene del humo que baila desde la madera santa cuando se la quema. Este árbol sagrado se ha utilizado como poderoso instrumento de purificación en las prácticas rituales desde el imperio inca. Los chamanes y chamanas y las personas sanadoras de Sudamérica creían que los árboles no debían talarse nunca, ni tampoco usarse en rituales espirituales o ceremonias, hasta que pasaran de cuatro a diez años de haberse caído al suelo del bosque de forma natural. Según la tradición, el espíritu del árbol sigue viviendo en la madera después de la muerte y, si ha recibido un trato adecuado durante su vida, ese espíritu fuerte va a ayudar en la restauración del bienestar físico y espiritual.

Quemar palo santo, salvia u otras hierbas de sanación espiritual, maderas o resinas es algo que pueden hacer las espiritualistas avanzadas. En vez de eso, puedes usar un spray o aceites esenciales en un difusor para bendecir el espacio sin quemar nada. Asegúrate de contar con la supervisión de una persona adulta.

Salvia y otros purificadores espirituales

⋯⋯⋯⋯✳⋯⋯⋯⋯

Esta hierba sagrada se ha usado en prácticas espirituales durante siglos, por lo general, en los pueblos indígenas del sudoeste de Estados Unidos, así como en algunas zonas de México. En el curanderismo, la salvia se usa mucho en limpias o limpiezas energéticas por su humo purificador. Pero la salvia no es la única hierba tradicionalmente usada para ello. Se ha vuelto casi un ícono de la cultura popular gracias a su humo purificador, pero las comunidades indígenas de todo el mundo utilizan desde hace mucho tiempo otras hierbas y resinas con el mismo propósito de deshacerse de la energía negativa, estancada o mala.

El copal es una resina arbórea que se usó en la Mesoamérica precolombina, lo que incluye zonas de México y América Central, así como la región andina del oeste de Sudamérica. Esto incluía a los mayas y los aztecas, que llamaban a la resina del copal "la sangre de los árboles" y la usaban en ceremonias y rituales espirituales para limpiar y purificar en forma similar a como se usa la salvia. El copal también servía para honrar a las deidades y las figuras ancestrales durante ceremonias y rituales. Además, se ha comprobado que es un magnífico complemento de la meditación y la manifestación. Tiene un olor particular y bastante relajante, que llena el aire con un suave aroma de pinos y tierra. Si bien favorece la conexión con la tierra, también permite que tu alma pueda liberarse. Otras hierbas y resinas que producen humo purificante comprenden la hierba del bisonte, el enebro y el cedro.

Los taínos, pueblos indígenas del Caribe, usaban la resina de otro árbol sagrado llamado tabonuco para limpiar las impurezas de una persona por dentro y por fuera. Se cree que este humo es un instrumento para la oración y la comunicación con el otro plano, y se usaba deliberadamente para limpiar entidades que los taínos llamaban maboyas, o bien todas las obstrucciones impuras de nuestro camino. Se usaba cuando una persona estaba enferma y también cuando se sentía llena de resentimiento y enojo.

El tabaco es natural de América del Norte y del Sur. Se obtiene a partir de las hojas de las plantas que pertenecen al género Nicotiana. Se la considera un miembro de la familia de plantas de las solanáceas, que incluye también al tomate, la berenjena, la papa y el pimiento.

En las prácticas chamánicas, el humo de tabaco se usa para la sanación y la bendición, y también puede ser una ofrenda al mundo espiritual. Si bien se lo fumaba durante algunos rituales espirituales, también se lo usaba para quemar las hojas secas del tabaco y así sahumar y purificar espacios con el humo. Se cree que es una planta que abre el alma, elimina la energía negativa y eleva los poderes de sanación. Otra forma en que el tabaco se usa en rituales espirituales se llama rapé y proviene de la Amazonia. Este tabaco seco y pulverizado que se aspira se usa como un poderoso instrumento en las prácticas de sanación. El tabaco que se utiliza para la sanación y las bendiciones no es como el que se usa para los cigarrillos. El tabaco se conoce sobre todo por contener nicotina, un químico altamente adictivo que a menudo se encuentra en los cigarrillos. Durante el siglo pasado, hemos aprendido mucho acerca de lo malo que es fumar cigarrillos o tabaco de cualquier tipo para nuestro cuerpo, y no se deben usar para ninguna clase de limpieza, ni espiritual ni de otro tipo.

Sal

La sal no es solo para condimentar la comida. Este mineral poderoso se ha usado en las prácticas espirituales indígenas durante generaciones, y simboliza la purificación y la conexión con la tierra. Cuando está en su forma pura, no yodada ni como sal de mesa, puede ayudar a sanar el cuerpo y el espíritu, ya que nos purifica física y energéticamente. Las sales de baño, la sal marina y la sal rosada del Himalaya suelen utilizarse para baños purificadores. Las lámparas de sal también son populares. Se cree que la sal extrae o libera toxinas, como la energía negativa, que pueden estar produciendo fatiga y enfermedades.

Las prácticas espirituales indígenas incluían el uso de la sal para la protección del hogar, los espacios sagrados y nosotras las personas. Puede ayudar a ahuyentar los espíritus malignos y absorber la energía negativa de un espacio físico o de nuestra aura: el campo de energía electromagnética que rodea o contiene nuestro cuerpo físico.

La sal rosada del Himalaya tiene más de 250 millones de años y fue usada durante siglos en rituales chamánicos para la purificación y la eliminación de energía estancada o negativa. Se la considera la forma más pura de sal y contiene los ochenta y cuatro minerales naturales que se encuentran en el cuerpo humano.

La sal de mar es otra sal muy conocida que también se puede utilizar. Durante siglos ha sido ponderada por sus beneficios espirituales, puesto que está llena de minerales y puede desintoxicar el cuerpo, tanto espiritual como físico, de padecimientos como las enfermedades de la piel, así como aliviar molestias y dolores.

La sal se ha utilizado mucho en prácticas espirituales para eliminar las toxinas y la negatividad. También se la puede incluir por sus propiedades reconstituyentes. Es un ingrediente importante en baños espirituales y limpias. Una persona puede restablecer su salud espiritual y su equilibrio general remojando los pies o las manos en agua caliente con sal, flores y hierbas.

Agua de Florida

· · · · · · · · · · ❋ · · · · · · · · · ·

El Agua de Florida es una colonia espiritual que se ha utilizado en prácticas espirituales por todo el mundo. En el curanderismo, el Agua de Florida se usa a menudo para la limpieza, protección y restauración de la mente, el cuerpo y el espíritu. También es muy buena para limpiar espacios.

Contiene una base de alcohol, que se combina con flores, hierbas y especias. Se cree que si agregas Agua de Florida a tu baño o limpia espiritual, sus propiedades mágicas se ven potenciadas. Es fantástica para limpiar las energías negativas y estancadas de tu casa, de ti misma, de otra persona o de un objeto. Hazlo usando un frasco atomizador para rociarla por tu habitación o alrededor de ti antes de encarar el día en el exterior. Además, puedes rociarte las palmas de las manos y frotarte todo el cuerpo luego de un largo día para eliminar la energía del afuera. Puede ayudar a atraer buenas energías en una situación complicada y se ha comprobado que es un gran componente para ayudar a protegerse del mal de ojo.

Puedes conseguir Agua de Florida en tiendas botánicas, espirituales y metafísicas, y en farmacias o herboristerías. Incluso puedes fabricar tu propia Agua de Florida en casa, usando flores, hierbas, cítricos, aceites esenciales, resinas sagradas y alcohol para uso externo. Pide a una persona adulta que te ayude con esta receta.

Coloca partes iguales de agua y alcohol para uso externo. El alcohol se utiliza para infusionar todos los ingredientes juntos y extraer sus asombrosas cualidades y propiedades. Puedes utilizar las hierbas y cualquier otro tipo de ingrediente que tengas a mano, o bien los que intuitivamente sientas que necesitas incluir. Los pétalos de rosa son una gran opción, ya que tienen la frecuencia de amor más alta; la canela sirve para atraer la abundancia y representar el elemento fuego; los cítricos, como la naranja, la lima y el limón, y la lavanda sirve para el amor y la sanación.

Una vez que hayas reunido todo en un frasco con tapa, agítalo y ponlo en tu altar o en un lugar sagrado en tu casa donde lo dejarás reposar durante, al menos, un ciclo lunar (29,5 días aproximadamente) o más. Cuando esté listo, agítalo de nuevo y fíltralo dentro de una botellita. Recomiendo utilizar una con atomizador para que rociar el agua sea sencillo. Solo se debe usar un poquito cada vez: es muy eficaz.

Hay muchos usos para el Agua de Florida. Puedes usarla como desinfectante de manos o como protección de tu aura antes de salir de casa y enfrentar el día, y también como purificadora cuando regreses; o bien como un magnífico limpiador para tu casa, ya que puedes rociar el agua por todo el hogar o agregar un chorro al agua de trapear para limpiar energéticamente pisos, ventanas, puertas, etc. También es excelente para usarla antes de la meditación, el yoga, los cánticos o la escritura para ayudar a potenciar la práctica.

Como ya mencionamos, el Agua de Florida es un ingrediente maravilloso para baños y limpias, pero es igual de poderosa cuando se la usa para barridas, una práctica espiritual en la que una curandera o un curandero reza sobre alguien mientras barre a la persona de la cabeza a los pies con varias hierbas y otros materiales sagrados. Por lo general, una persona curandera con experiencia rocía suavemente el Agua de Florida tres veces sobre el cuerpo de la persona, arriba, en el medio y abajo. Usa al atomizador y, por supuesto, asegúrate de que la otra persona haya dado su consentimiento.

DÓNDE ENCONTRAR ELEMENTOS ESENCIALES

Las botánicas son tiendas religiosas que a menudo se encuentran en zonas con grandes poblaciones latinas. Estas tiendas ofrecen todos los elementos necesarios para las prácticas espirituales, como estatuillas de las divinidades, velas, variedad de hierbas, aceites y hasta jabones. Los boticarios o herboristerías son tiendas que venden remedios herbales, y también son una muy buena alternativa donde puedes conseguir todos tus ingredientes. Asimismo, podrás encontrar lo que necesitas en los eventos de festividades, como el Día de los Pueblos Indígenas, que se celebra en octubre. Investiga cuáles son los festivales que se celebran en tu zona. Allí se reúnen vendedores y vendedoras que ofrecen diversos instrumentos espirituales, prendas de vestir y objetos simbólicos para participar de la celebración.

Si no tienes una botánica ni un boticario cerca, y no quieres esperar hasta que haya un festival, comienza por buscar en tu casa. Te sorprenderás al descubrir que muchos ingredientes e instrumentos usados en prácticas espirituales pueden encontrarse en tu alacena o en tu baño. Canela, albahaca, hojas de laurel, cítricos y sales son ingredientes que, por lo general, pueden encontrarse en casa o en el almacén. No es necesario que compres estos artículos en una tienda metafísica para que funcionen. Serán igualmente mágicos si los compras en un supermercado o en un mercado. Recuerda: el poder de estos objetos se enciende con la intención y el propósito que les asignes al usarlos. Entonces, ¡preparémonos para hacer algo de magia!

Hierbas

················ ✳ ················

L a belleza de la Madre Tierra o Pachamama, tal como la llaman los pueblos originarios andinos, consiste en que nos obsequia una enorme variedad de hierbas que se pueden usar para casi todos los padecimientos. Recuerda que estas prácticas espirituales complementan las consultas regulares con tu médico.

En las prácticas espirituales indígenas, latinas, las hierbas se usan para limpias, baños y barridas. Según la intención de la práctica, se usan diversas hierbas para liberar la ira, el estrés y otros padecimientos. Las hierbas también pueden usarse para mejorar la conexión espiritual con las figuras ancestrales y otros seres guía del mundo espiritual, y para atraer o invocar cosas que te gustaría manifestar, tales como el amor o el dinero.

Las hierbas se pueden mezclar con agua u otros ingredientes para las limpias y los baños o para ungir velas. Incluso puedes colocar un pequeño recipiente con hierbas en tu altar como una ofrenda para las figuras ancestrales, para comunicarle al Universo una necesidad o para expresar gratitud.

Entre las opciones se encuentra la albahaca sagrada, que durante siglos se ha utilizado para el amor y la riqueza y para elevar la energía. La alfalfa es una hierba magnífica si estás trabajando en relación con la abundancia, el dinero, la prosperidad o incluso la lucha contra el hambre. Esta hierba, de la cual debes esparcir un poco en un plato con monedas y billetes, puede usarse para crear altares de dinero con la intención de proteger contra el hambre y la pobreza. El anís se utiliza para resguardarse del mal de ojo y es bastante poderoso cuando se lo complementa con ruda; se usa tanto la planta como el agua de anís. El alcanfor es magnífico para la interpretación de los sueños y para elevar la percepción paranormal. También es una hierba estupenda para trabajar con ella cuando nos mudamos a un espacio nuevo, sea vivienda o laboral. La hoja de diente de león puede ayudar en la comunicación con espíritus y cuando se busca sanación, protección y purificación. Esta hierba se puede colocar en una pequeña bolsita que puedes llevar contigo para manifestar lo que quieras invocar en tu vida.

La lista de hierbas mágicas es infinita. Hay miles, quizá incluso millones, de hierbas disponibles para nuestra preservación espiritual. Comienza por las que tienes en tu alacena de especias o mira entre los tés que hay en tu cocina. Es muy probable que esté llena de hierbas e ingredientes mágicos.

Flores

·············❖·············

Alguna vez estuviste al aire libre y sentiste la energía de las flores que te rodeaban? Se cree que las flores poseen la forma más alta de energía, y se han utilizado en prácticas espirituales desde la noche de los tiempos. Su energía es tan palpable que colocar un ramo de flores en una habitación puede elevar ese espacio de inmediato. Recibir flores de un ser querido nos afecta a nivel celular, ya que aumenta las endorfinas y la serotonina. Se ha descubierto que nuestras amigas las flores refuerzan la creatividad y mejoran el estado de ánimo y la salud en general, lo cual se debe a que alivian el estrés, la ansiedad e incluso la depresión. Las flores también dan placer y despiertan sentimientos de gratitud. Tener flores naturales en tu dormitorio es una excelente manera de renovar constantemente la energía de tu espacio. ¡Confía! Lo sentirás.

Al igual que con las hierbas, existe una amplia variedad de flores que se usan en prácticas espirituales con diversas intenciones. Las rosas, en particular las rosas rojas, tienen la frecuencia más alta entre las plantas, 320 megahercios (MHz), según la unidad de frecuencia estándar del Sistema Internacional de Unidades. Así, además de lo hermosas que son y de sus propiedades cosméticas y medicinales, las rosas pueden producir resultados asombrosos cuando se las incorpora en limpias, baños y otras prácticas espirituales. También puedes rociar agua de rosas para elevar rápidamente la energía y la frecuencia del amor en tu vida si no tienes flores naturales ni secas.

Plantas

· · · · · · · · · · ❀ · · · · · · · · · ·

Yucahú es un zemí o dios supremo en la sabiduría indígena taína, el señor de la vida, que se asocia con el sol y el cielo. Es la luz y la energía vital, y el pueblo taíno cree que las plantas incorporan esa energía mediante el proceso de fotosíntesis, por el cual absorben agua y dióxido de carbono para liberar oxígeno y formar carbohidratos o azúcares. La planta que se asocia más estrechamente con Yucahú es la yuca, un tubérculo que suele utilizarse para hacer pan de mandioca. Cuando las plantas absorben la energía sagrada, se crea un puente para que las personas también la usen. Por ello, las plantas, las hierbas y las flores son ingredientes tan fundamentales en los rituales espirituales.

Según la tradición chamánica, algunas plantas, como el romero y la ruda, ayudan a mantener a los malos espíritus alejados de la casa. Estas plantas también se usan para baños espirituales y barridas.

El limoncillo o lemongrass, la hoja de laurel y el ricino son otras de las plantas que comúnmente se utilizan en las prácticas espirituales indígenas. El aloe es otra de las plantas que tiene fuertes vínculos espirituales. Se cree que el polvo de aloe envía protección para los seres queridos cuando se lo usa durante una práctica ritual. Plantas taínas antiguas, como el anamú, se usaban en baños purificadores, y se creía que aliviaban padecimientos como el reuma y la artritis, así como los síntomas de la depresión.

Aceites

Se cree que los antiguos pueblos egipcios fueron los primeros en usar aceites esenciales en remedios tradicionales y perfumes. Estos aceites que derivan de extractos de plantas también se han usado en otros lugares del mundo, en ceremonias espirituales y con fines medicinales. En América Central y el Caribe, el aceite esencial de amyris se ha utilizado en prácticas espirituales y como medicamento tradicional durante siglos, junto al laurel avispillo que también es nativo de México.

El palo santo es un aceite potente y de alta frecuencia que puede usarse para estimular los sentidos antes de las prácticas espirituales; hay que olerlo y frotarlo un poco en la muñeca. El aceite esencial de incienso también es fantástico para potenciar la meditación y fortalecer la conexión espiritual.

Muchas prácticas espirituales indígenas comprenden el uso de una mezcla de diversos aceites para preparar combinaciones únicas. El jengibre, el anís estrellado, la madera de cedro y el clavo de olor son mezclas muy conocidas que ayudan a conectar con la tierra y centrarse. Los aceites esenciales de rosa, lavanda y albahaca se pueden combinar para elevar las vibraciones e inspirar sentimientos de amor, tranquilidad y abundancia. En las prácticas de curanderismo, los aceites esenciales se colocan en frascos de vidrio azul cobalto, ya que estos mantienen y amplifican su energía, y se pueden complementar con otros ingredientes como cristales y minerales. No ingieras ningún aceite.

Caracolas, gemas y plumas

. . . . ✽ . . . .

Alrededor de todo México, la concha de caracol se ha utilizado en prácticas espirituales como instrumento, trompeta caparazón o joya del viento. El profundo cuerno del caparazón se puede tocar usando una caracola natural o una de cerámica. En muchas imágenes de Quetzalcóatl, la deidad azteca conocida como dios del viento, él lleva una concha de caracol. Un antiguo mito le atribuye a Quetzalcóatl el mérito de haber difundido la alegría de la música, ya que reunió a los músicos y cantores que vivían en la casa del padre Sol y los dispersó por toda la Tierra. El emblema en forma de caracol que llevaba representa la conexión directa con la música de esta deidad.

La concha de abulón se considera un símbolo sagrado del mar que puede apaciguar las emociones, liberar la negatividad y brindar consejo. Mientras que la mayoría de los abulones se encuentran en aguas costeras frías, el abulón blanco se encuentra en el océano Pacífico, desde California hasta México.

Yemayá, un espíritu importante y amado en varias tradiciones y creencias de la diáspora africana, es la reina del mar, y muchas veces se la muestra luciendo caracolas marinas, que se pueden encontrar en todo el mundo. Estas caracolas se usaban como moneda y tenían un sentido espiritual.

Pueden representar los elementos tierra, agua y aire, y se pueden usar como herramienta espiritual para juntar la ceniza que cae cuando las hierbas sagradas se queman para purificar. Como se ha señalado anteriormente, también se las puede utilizar como instrumentos. Muchas prácticas incluyen soplar dentro del caparazón para escuchar los profundos sonidos del cuerno flotar en el aire mientras miras hacia las cuatro direcciones —norte, este, sur y oeste— las honras y las reconoces. Muy a menudo, las ceremonias espirituales comenzaban de este modo.

Las gemas también se asocian con muchas prácticas espirituales, puesto que provienen de la tierra y se cree que tienen almas que pueden ayudar a apoyar y guiar a los seres humanos en su travesía. En la República Dominicana, la rara piedra azul larimar se usa en prácticas espirituales para simbolizar la paz y la sanación, y se la conoce como "piedra del amor". Las prácticas de curanderismo pueden incluir colocar puntas de flecha de cuarzo rosa apuntando hacia afuera para simbolizar la dispersión del amor, la compasión y las bendiciones.

Las plumas también son importantes, en tanto se visten en las ceremonias como tocados y en otros atuendos espirituales. Las plumas son un poderoso símbolo del honor y de nuestra conexión con la tierra, el Espíritu y los pájaros. Representan la sabiduría y la libertad, y, si ves plumas a menudo, se cree que un ángel o una ancestra o ancestro divino se está comunicando contigo.

CAPÍTULO CINCO

FIGURAS ANCESTRALES Y ALTARES

La conexión con tus figuras ancestrales

⁕

Los ancestros y ancestras son personas que vivieron su vida humana y son parte de nuestra familia, pero que han pasado al mundo espiritual. Si bien han trascendido su forma humana, su energía o su alma siguen vivas y vibrando, y nos pueden ayudar en nuestros propios caminos. Conectar con ellos puede ser tan simple como pronunciar su nombre y expresar que necesitas su apoyo o guía. Es bueno recordar que no todos nuestros ancestros o ancestras nos apoyarán, entonces conviene añadir palabras como "benevolente", "compasivo" o "generoso" antes de decir "ancestro" (o bien en femenino) para focalizar tu intención y comunicarte con aquellos que verdaderamente se interesan por tu bienestar. Por ejemplo:

Convoco a mis ancestros/ancestras benevolentes para que se presenten y me ayuden a atravesar este desafío.

Recuerda que tus palabras son poderosas; debes usarlas con cuidado para obtener los mejores resultados de tu magia.

Es importante conectar con nuestros ancestros y ancestras, porque ellos ya han experimentado la vida en la Tierra y su sabiduría podría ayudarnos durante la nuestra. Algún día también serás una ancestra y quizá alguien de tu linaje familiar te convoque para que le brindes ayuda. Para la mayoría de nuestras figuras ancestrales, es un honor que las convoque un miembro de su familia que aún está experimentando la vida en la Tierra. Por ello, el Día de los Muertos se celebra anualmente por todo México, el 1 y 2 de noviembre. Podemos demostrar que honramos y respetamos la sabiduría y la guía de nuestras figuras ancestrales construyendo altares con fotos y otros elementos que las representen.

También es posible que los ancestros y ancestras intenten comunicarse con quienes estamos aquí por medio de sueños o números repetidos —llamados números angelicales— que son secuencias de números que por lo general tienen tres o cuatro números repetidos. O bien puede que de pronto sientas el perfume de tu abuela o comiences a escuchar una canción que le gustaba justo cuando piensas en ella. Estos son ejemplos de las formas en que nuestras figuras ancestrales nos hablarán. Confía en que su aparición es real, y tu habilidad para percibirlos y escuchar sus mensajes se expandirá. Conectar con los elementos a nuestro alrededor en la vida cotidiana es otra manera de abrir una vía de conversación con nuestras figuras ancestrales.

Sanarte a ti misma implica sanar tu linaje ancestral

A lo largo de nuestra vida, llevamos el espíritu de nuestras figuras ancestrales a nuestro lado. Si tu linaje ha sufrido mucho, si ha pasado por diferentes penas y desafíos, es posible que tú también lo sientas. No

dudes de que hacer este trabajo o incluso desear aprender cómo conectar con tu espiritualidad es ya una manera de comenzar a sanar tu linaje ancestral. Basta con una sola persona para romper el ciclo de sufrimiento de una familia. Puede que no sea una tarea fácil y depende de la complejidad de los obstáculos que el linaje ancestral ha tenido que enfrentar, pero es una tarea absolutamente posible.

Durante generaciones, se ha creído que cuando una persona sana, otros miembros de la familia sanan también. Esta persona puede considerarse como la que rompe el ciclo de la familia. A medida que sanan, reconocen que sus ancestros y ancestras hicieron lo mejor que pudieron, pero que ya es hora de vivir de otra manera. Se cree que cuando hacemos esto, se sanan siete generaciones anteriores a nuestro momento y las siete que vendrán. La persona que rompe el ciclo cambia la historia y el futuro de la familia. Si esto te resulta agobiante, está bien. Es mucha la información que debes procesar. Pero también es hermoso saber que te fue concedida esta vida humana y que a lo largo de tu camino has elegido sanar. A medida que lo hagas, tu familia también sanará. Pero recuerda: comienza contigo.

Comienza por conectar con tus figuras ancestrales benevolentes, ya sea que las hayas conocido en vida o no. Puedes honrarlas poniendo en tu altar una foto o algo que les haya pertenecido. También puedes reconocerlas por su nombre, haciéndoles saber que sientes su presencia en tu vida. Una vez que hayas establecido esa conexión, puedes pedirles permiso para sanar el linaje simplemente a través del trabajo espiritual que realices para sanarte a ti misma, y puedes pedirles ayuda en este proceso. Tu sanación es también la suya. Concéntrate en sanarte a ti misma, y lo demás se acomodará de manera divina.

Creación del altar

Una forma de llamar a tus figuras ancestrales y a las cuatro esquinas cuando te dispones a fortalecer tu intuición es a través de la creación de altares. Tengo altares por toda mi casa. Algunos representan cosas muy personales, como el amor propio o el dinero, mientras que otros pueden ser una representación física de las figuras ancestrales que yo creo que más me acompañan. Los altares son un medio para demostrar mi gratitud por su presencia en mi vida. A través de ellos también reconozco que la vida va mucho más allá de lo físico, y que podemos trabajar con una energía que no tiene una manifestación física y, a pesar de ello, obtener su apoyo.

Independientemente del propósito de tu altar, este debería incluir representaciones de los cuatro elementos, que también son simbólicos de las cuatro esquinas o los cuatro puntos cardinales. Agregar una vela puede simbolizar el elemento fuego (sur), así como el aire (norte). Las plantas o las flores son geniales para el elemento tierra (este), y un cuenco o un pequeño vaso de agua (oeste) aporta este otro elemento. El agua en un jarrón con flores también puede simbolizar este elemento. Para obtener más información sobre los elementos esenciales, consulta el capítulo cuatro.

Los altares pueden ser grandes o pequeños y pueden viajar contigo. Puedes crear altares en tu hogar para tus ancestros o ancestras, el amor propio y muchas cosas más, pero asegúrate de mantenerlos prolijos. Esto le comunica al Universo y a tus figuras ancestrales que eres consciente de que existe un Poder Superior que guía tu vida, y una manera de expresar gratitud por esa guía es mantener tus altares limpios. Revitalízalos sacándoles el polvo o cambiando el agua una vez por semana, una vez por mes o en cada estación. Escucha tu intuición cuando te advierta que es momento de hacerlo. O bien aprovecha la conexión con todas las cosas, y puede que incluso escuches un susurro de las flores de tu altar cuando necesiten agua fresca, o tal vez tus ancestros y ancestras te pidan una ofrenda, algo que disfrutaban cuando estaban con vida, como arroz, fruta o granos de café.

Cuando viajes, puedes llevar un pequeño altar contigo, ya que solo necesitas cuatro cosas que representen los elementos y los puntos cardinales y algo que simbolice tu intención. Si creas un altar de protección para sentirte segura durante el viaje, puedes llevar una botella pequeña de Agua de Florida, un ónix o una turmalina negra en forma de cristal que representen la protección (y el elemento tierra), una pluma que simbolice el aire y un encendedor y una vela apagada que representen el fuego. Cuando llegues a destino, encuentra un lugar que te atraiga (usa tu intuición) y ubica allí el altar que te acompañará durante toda tu estadía. Cuando lo estés armando, reza, canta y pronuncia tus intenciones en voz alta. Lo que digas forma parte de un recorrido muy personal. Se trata de una conversación propia con el Universo que nadie más puede dictártela. Proviene de tu alma. Si no estás segura de cómo comenzar, simplemente agradece a medida que colocas cada elemento en tu altar. Di gracias a las herramientas espirituales que has escogido para tu altar por su presencia sagrada y agradece al Universo, a Dios, al Poder Superior, por la guía y la protección que recibes en tu vida. Imagina una hermosa luz brillante que surge del altar y te acompaña en todos tus viajes.

Si te reúnes con tus amigas brujas o con un grupo de personas espiritualistas como tú, pueden crear juntas un altar colectivo. Cada una de las personas puede llevar una ofrenda al altar, que estará situado en el centro de la habitación en la que se reúnan. En nuestro mundo digital, esto también puede hacerse de manera virtual con una o más de las personas participantes ocupando el espacio y creando el altar donde sea que estén para representar a todo el grupo.

Los materiales necesarios para el altar se determinan a partir de los cuatro elementos. Una vez que tengas un objeto que represente a cada uno, se pueden agregar otros para personalizar el altar y su propósito. Otros objetos que se pueden incluir son fotos de ancestros, ancestras o seres queridos que han trascendido más allá de la vida física, o bien cosas que les gustaban a esas personas, como un perfume, una comida o bebida o una joya. También se pueden añadir hierbas o cristales que coincidan con tu intención. Por ejemplo, si estás creando un altar que atraiga el dinero, piensa en un cuenco con tulsí, o albahaca morada, que coincide con la abundancia y se ha utilizado durante miles de años como un símbolo de riqueza en muchas culturas.

Si lo que buscas con el altar es guía, puedes añadir algo específico a la pregunta que planteas. Por ejemplo, si no logras decidir a qué club ir después del horario escolar, piensa en crear un altar y, además de los cuatro elementos, agrega otros objetos que simbolicen los clubes educativos que estás considerando. Pueden ser fotos o los logos de los clubes. A medida que ubicas los objetos en tu altar, pronuncia claramente tus intenciones, encendiendo la magia en el aire a medida que lo haces. Puedes decir algo como, "Gran espíritu, busco que me guíes en la elección del club educativo que elegiré. Todos parecen interesantes, pero quiero elegir el que me traerá más beneficios". Luego enciende tu vela o quema algo de incienso para representar el elemento fuego y encender tu intención. Recuerda siempre ser cuidadosa cuando manipules fuego y pedir asistencia a una persona adulta. Meditar frente a tu altar aunque sea por un momento puede proporcionarte las respuestas que buscas.

No te preocupes si no llegan enseguida. A veces lleva algo más de tiempo conseguir la claridad, y quizá las respuestas sean más difíciles de encontrar, pero si estás abierta a recibir la guía, las obtendrás. Solo tienes que estar atenta, porque el Universo se comunica con nosotras de maneras muy diversas.

Cómo mantener tu altar

❋

Mantener y revitalizar tu altar es una forma de que la magia siga estando fuerte y de que tus intenciones estén claras. Recuerda que puedes conectar con tu intuición para saber cuándo tu altar, o altares, necesitan que los revitalices un poco. Puedes incluso organizarte para hacerlo junto con el cambio de las estaciones, y así no solo revitalizar tu altar físicamente, quitando cada uno de los objetos y limpiando la superficie, sino que, además, puedes hacer una limpieza espiritual con Agua de Florida, que podrías usar para humedecer el trapo con el que limpies los objetos y la superficie. A medida que esparces el Agua de Florida, toma cada objeto y deja que se humedezca con ella, y agradece al agua por sus poderes purificadores. Hay muchos artículos caseros que se suelen encontrar en el hogar y que pueden usarse en las prácticas espirituales si no tienes Agua de Florida. Comienza por buscar en el estante de las especias en la cocina. Las hierbas como la albahaca se usan en las prácticas espirituales para convocar el amor. La canela simboliza la abundancia cuando se utiliza en los rituales espirituales. O bien puedes llenar un vaso de agua corriente y rezar sobre él, pronunciando frases como las que siguen a continuación:

Gracias, Espíritu, por mi vida.
Bendice esta agua para que absorba cualquier energía negativa y
cree espacio para la paz, la felicidad, la alegría y la protección.

Cuando vuelvas a colocar los objetos en el altar, hazlo intuitivamente. No lo pienses demasiado. Solo levanta cada elemento y observa donde lo ubica tu mano de manera natural. Hazlo seguido, y es posible que comiences a escuchar o sentir señales de los objetos de tu altar respecto de la ubicación que prefieren. Te sorprenderá la belleza de tus altares organizados conforme a tu intuición.

CAPÍTULO SEIS
LA LUNA Y EL SOL

Trabajar con la luna

············❋············

La luna posee una cantidad enorme de energía que nos afecta directamente. Los taínos, el pueblo indígena del Caribe, adoraban a la diosa Luna. La tradición indicaba que el sol, la luna y las estrellas se habían elevado desde las cuevas y, mientras el sol estaba en su punto más alto, la diosa Luna se escondía en la cueva hasta que llegaba su turno de ascender por el cielo nocturno. Ella simboliza una tranquilidad alegre y luce una enorme sonrisa. Atabey, la reina madre de los zemíes, o dioses, también era símbolo de la luna; es la diosa de la maternidad, la madre de todas las cosas. Representa la fertilidad, el nacimiento, la creación y el ciclo menstrual, que coincide con el ciclo de veintiocho días de la luna.

El pueblo taíno vivía según las fases de la luna, que les guiaba en trabajos comunitarios como la agricultura y en celebraciones como el matrimonio y los nacimientos. En la comunidad taína, eran comunes las historias de las mujeres que quedaban embarazadas después de alabar a la luna.

Esto también era cierto para el pueblo maya, que habitaba partes de México, Honduras, El Salvador, Guatemala y Belice. Ixchel era la diosa de la luna para este pueblo y estaba asociada a la fertilidad y la reproducción. Los incas, pueblo indígena de Sudamérica, alababan a Mama Quilla, su diosa de la luna y a quien, además, consideraban la defensora de las mujeres. La forma en que trabajaban con la luna solía estar asociada directamente con sus ciclos.

Luna llena

La luna llena se ha asociado con el comportamiento impulsivo, porque la energía de la luna en su punto culmine se intensifica y, según parece, también se potencia nuestra energía. Durante esta fase lunar, algunas personas pueden sentirse muy sensibles o quizá aumente su conciencia. Es como un enorme globo brillante y hermoso en el cielo nocturno, que crea una conexión directa con el Espíritu y amplifica nuestra capacidad para recibir mensajes y guía.

En las prácticas chamánicas, se cree que la energía de la luna llena hace que nuestros más profundos pensamientos y emociones salgan a la superficie, lo cual nos permite enfrentar aquello que necesitamos sanar y soltar. Esto sucede de manera similar al modo en que la atracción gravitatoria de la luna llena influye sobre el agua, el elemento que los chamanes asocian con nuestros pensamientos y emociones más profundos.

Esta idea se practica ampliamente en la actualidad; la luna llena se asocia con el dejar ir o cambiar de piel, que es una metáfora para el acto de soltar todas las cosas que ya no nos sirven. Este puede ser un patrón que hayas observado en tu vida. Si hay algo que puedes controlar y dejar, entonces déjalo ir bajo la luz de la luna llena.

RITUALES DE LUNA LLENA

Los rituales indígenas de luna llena incluyen honrar los cuatro elementos, por lo que resulta una manera estupenda de comenzar cuando prepares tus propios rituales de luna llena. Para rendir homenaje a nuestro satélite compañero, se han utilizado representaciones de la tierra, el aire, el fuego y el agua, y aún desempeñan un papel importante en los rituales de luna llena de hoy en día.

Si bien los antiguos pueblos indígenas solían reunirse en comunidad para este tipo de rituales, hay maneras de trabajar con la luna individualmente o en grupos más pequeños, con la familia íntima y las amistades. Las limpias son excelentes para crear rituales de luna llena en casa usando los cuatro elementos; su propósito es purificar tu espacio y purificarte a ti misma de la energía negativa y estancada. Las limpias sirven para dejar ir todo lo que ya no sea útil para ti, y para renovar y refrescar tu energía. Puedes encontrar instrucciones para realizar limpias de luna en el capítulo diez.

Cada luna llena, como cada luna nueva, se asocia con un signo del zodíaco. Puedes aprovechar esto para establecer intenciones definidas según la luna. Por ejemplo, la luna llena en Tauro es un buen momento para despojarte de las creencias limitantes en torno al dinero, para poder comenzar a reconocer tu abundancia, más allá de las circunstancias en las cuales hayas nacido. Los rituales de luna llena que tienen como propósito generar algún cambio en tu manera de pensar, tu cuerpo o tu espíritu, desde una posición de carencia a una vibración de abundancia, pueden impulsar una verdadera transformación en tu vida y sanar tu linaje ancestral. Hacer esto durante una luna llena en Tauro es poderoso, en especial, porque el segundo signo del zodíaco es conocido como el signo de la abundancia y, cuando ubicamos nuestras intenciones en este signo de tierra, se cree que es posible manifestar casi cualquier cosa. La luna llena te da el poder de limpiar tu energía antes de invocar la energía transformadora y abundante de Tauro.

Independientemente del signo en que caiga la luna llena, puedes honrarte a ti misma con una hermosa limpia para renovar y recargar tu energía. Si quieres alinearla con un signo del zodíaco, investiga cuáles son los componentes que combinan bien con el signo señalado, como el color de la vela, la flor o los cristales que se asocian con él.

Luna nueva

* * * * * * * * * * * ✳ * * * * * * * * * * *

A diferencia de la luna llena, que es ideal para soltar, la luna nueva se asocia con la idea de invitar a aquellas cosas que quieres manifestar en tu vida. Según las tradiciones indígenas, durante la luna nueva se solían plantar semillas y se organizaban reuniones para compartir la sabiduría por medio de la narración de historias. La luna nueva representa el espacio abierto creado por lo que se dejó ir y liberó durante la luna llena. Es la tierra fértil de la que pueden crecer cosas bellas.

La luna nueva es una luna oscura, de modo que no podrás verla en el cielo nocturno como se ve la luna llena. Sin embargo, que no seamos capaces de ver algo, no significa que no esté allí o que no exista. Recuerda esto cuando trabajes con la potente y misteriosa luna nueva.

RITUALES DE LUNA NUEVA

La luna nueva es la luna invisible. A diferencia de la fase evidente y tempestuosa de luna llena, la luna nueva no se ve en el cielo nocturno. Es una manera hermosa de simbolizar toda la magia que sucede, aunque no la veamos. También es un momento ideal para definir intenciones de lo que quieras recibir en tu vida. ¿Qué estás intentando manifestar? ¿Qué quieres tomar del mundo de los sueños para convertirlo en realidad?

Así como la luna llena, la luna nueva también se asocia con varios signos del zodíaco, y eso puede influir en tu ritual. Pero, en general, la luna nueva es un gran momento para organizar un baño espiritual que complemente tus deseos. Los baños son diferentes de las limpias porque en ellos te sumerges en lugar de verter algún líquido sobre tu cuerpo. Puedes encontrar información para realizar un baño ritual de luna nueva en el capítulo diez.

Si quieres ver que tus sueños se manifiestan con el tiempo, lleva un diario de manifestaciones de luna nueva. Durante cada luna nueva, escribe diez deseos, léelos en voz alta y agradece al Universo por atraer estas cosas a tu vida. Luego, guarda el diario. No te obsesiones con lo que has escrito allí. La idea es que lo que desees durante la luna nueva comenzará a manifestarse a lo largo de los seis meses siguientes antes de la luna llena del mismo signo del zodíaco. Por ejemplo, si defines tus intenciones y deseos en la luna nueva de Escorpio, observa qué sucede hasta la luna llena de ese mismo signo. Es posible que veas que algunos de tus deseos se hacen realidad, o quizá notes nuevos caminos que se abren para que ellos se realicen.

Eclipses lunares

· · · · · · · · ❋ · · · · · · ·

Los eclipses lunares ocurren cuando la sombra de la Tierra se proyecta sobre la luna desde el sol: este se considera un momento de transformación espiritual. Como hemos explicado anteriormente, la luna tiene influencia sobre las cosas del planeta Tierra, incluso sobre los seres humanos. Algunas personas afirman que la vida se vuelve caótica durante los eclipses, y las tradiciones espirituales ancestrales te impulsan a adoptar una actitud receptiva y dar lugar a la transformación. Las personas mayores del pueblo laguna-acoma de Nuevo México recomendaban a sus familiares no temer al eclipse lunar, sino recibirlo y aprovecharlo. Si se sentía miedo, esto quería decir que se había obrado mal. Le rezan a la harina de maíz, meditan y fluyen con la transformación. En algunas tradiciones indígenas, las ceremonias sagradas de nombramientos se llevan a cabo durante un eclipse lunar.

RITUALES DE ECLIPSES LUNARES

Los eclipses lunares contienen un vigor poderosamente energético que los convierte en un gran momento para realizar trabajos espirituales. A continuación, encontrarás un ritual de eclipse lunar que es fácil, no requiere muchos materiales y puede influir bastante en tu recorrido.

1. Siéntate en una postura de meditación cerca de una ventana abierta o al aire libre, si es posible. Si no, en un lugar cómodo que te guste será más que suficiente. Puedes sentarte sobre un almohadón de meditación, una colchoneta de yoga o sobre una silla con los pies planos sobre el suelo.

2. Enciende una vela. Cualquier color estará bien; el que elijas dependerá de tu intención. Para este ritual, enfoquémonos en el amor propio. ¡Una vela rosa iría perfecto! Recuerda ser cuidadosa cuando manipules fuego y pedir asistencia a una persona adulta.

3. Cuando enciendas la vela, piensa en tu intención. Con este ritual, te recuerdas a ti misma que eres divina y cómo tu existencia en esta vida es una bendición no solo para ti, sino también para otras personas.

4. Cierra los ojos y canta "Soy divina". Repítelo siete veces antes de inhalar profundamente y exhalar con un suspiro por la boca.

5. Siéntate en una postura de meditación y permite que esas palabras fluyan a través de ti desde la tapa de la cabeza hasta los dedos de los pies.

6. Continúa repitiendo en silencio "Soy divina" a medida que imaginas que escaneas tu cuerpo de arriba abajo.

7. ¡Eres divina! Incorpora este pensamiento.

Superluna y luna azul

· · · · · · · · · · ❋ · · · · · · · · · ·

La superluna ocurre cuando la órbita de la luna está lo más cerca posible de la Tierra durante una luna llena. Según una perspectiva espiritual, se cree que la superluna tiene una energía amplificada que nos ayuda a conectar con la naturaleza y con nuestro yo más elevado. Las tradiciones espirituales indígenas solían incluir rituales y ceremonias durante esta época debido a esta potente energía.

La luna azul difiere de la superluna porque sucede cada dos o tres años, cuando hay una luna llena extra en el año. Existe un caso excepcional cuando hay una superluna azul, que sucede aproximadamente cada diez años y, desde un enfoque espiritual, se cree que es un momento poderoso para trabajar con la sombra, enfrentar los miedos ocultos y los traumas más profundos para sanarlos.

Trabajar con el sol

· · · · · · · · · ❖ · · · · · · · · ·

El sol ha sido venerado como deidad o dios por muchos grupos indígenas. El símbolo taíno para el sol, el Sol de Jayuya o Sol Taíno, es uno de los símbolos más populares de los pueblos indígenas del Caribe. Este símbolo poderoso representaba las creencias espirituales del pueblo taíno y su conexión con la naturaleza. Honraban la energía cósmica de Yucahú, el señor de la vida, al cual se lo asocia con el sol y el cielo. Los incas de Perú creían que eran descendientes directos del sol, el Señor Sol o Apu Inti. La danza del sol se considera una de las ceremonias religiosas más importantes practicadas por indígenas de las llanuras de América del Norte.

Se ha adorado al sol como una de las deidades más importantes debido a su potencia para nutrir, enriquecer y ayudar en el crecimiento de todos los seres. Su abundancia dadora de vida era conocida por sus poderes para sanar y brindar paz. Es el reflejo de nuestra propia alma.

Una de las maneras más poderosas para trabajar espiritualmente con el sol es despertarse antes del amanecer y comenzar un ritual, ya sea con una oración, una meditación o con un movimiento suave, para saludar al nuevo día. Esto ayuda a conectar la luz que hay en ti con la luz del día. Cuando cargamos nuestra alma de energía solar, podemos reflejar esa luz en otras personas.

Si puedes salir afuera, ubícate mirando al este antes de la salida del sol, cierra suavemente los ojos y céntrate en la respiración. Medita, repite un mantra, o bien canta o reza. Ve hasta lo más profundo de tu interior para conectar con la energía de esas primeras horas de la mañana, consideradas las horas celestiales (entre las 4:00 y las 6:00 de la mañana), cuando se cree que el velo entre Dios y las personas es más delgado. Con una conexión tan cercana, hacemos una ofrenda por medio de la práctica espiritual a medida que el sol se eleva. Cuando ha terminado de salir, ponte de pie y alza los brazos al cielo. Inhala profundamente antes de exhalar despacio y baja el torso desde las caderas, llevando las manos hacia delante hasta tocar el suelo, si puedes. Si no, puedes colocarlas sobre las rodillas, canillas o tobillos. Dobla apenas las rodillas para volver a erguirte y luego repite. Este movimiento no solo es para despertar tu cuerpo físico, también es una ofrenda física y saludo al sol.

El poder del sol también puede usarse para equilibrar el chakra del tercer ojo. El chakra del tercer ojo está ubicado entre las cejas y simboliza tu capacidad para tener una visión más amplia de la vida, imaginar una forma de vida ideal y tomar medidas iluminadas para hacer realidad esa visión. Cuando estés sentada y los rayos del sol calienten ese centro energético, o chakra, puede que te sientas más conectada con la tierra, más centrada.

Siéntate con los ojos cerrados y tu rostro en dirección al sol. Percibe la conexión con la calidez del sol posándose en tu tercer ojo y permanece sentada, si puedes, durante unos siete minutos. Mientras estás allí, puede que recibas visiones o ideas inspiradoras. Reconócelas y deja que lleguen y se vayan como los rayos del sol en un día nublado. Cuando abras los ojos, agradécele al sol su poder, amor y calor. Haz esto tan seguido como puedas. Los rayos del sol proporcionan vitamina D natural para nuestro cuerpo. Así que sal afuera, encuentra un rincón soleado y absorbe su hermosa energía.

RITUALES DE ECLIPSES SOLARES

Un eclipse solar ocurre cuando la luna se interpone entre la Tierra y el sol y crea una sombra. Este evento astrológico genera una energía poderosa y transformadora, al igual que los eclipses lunares. Muchas culturas indígenas creían que un eclipse solar constituía el momento óptimo para realizar rituales de limpieza, inspirar la introspección, simbolizar la renovación y obtener energía protectora. No se recomienda comenzar proyectos nuevos durante un eclipse solar ni tomar decisiones impulsivas. Y cuida tus palabras y tu temperamento. Los eclipses pueden cambiar drásticamente nuestras emociones y hacer que de pronto ataques verbalmente a alguien cuando el mismo mensaje podría haber sido expresado de una mejor manera. Por lo tanto, sé consciente de tus emociones durante un eclipse solar. Si te sientes exaltada, tómate un tiempo para estar sola y reflexionar sobre tus emociones. Observa a medida que fluyen como las olas, y algunas se estrellan y otras suben y bajan con facilidad. Ser capaz de observar tus emociones es esencial para lograr controlarlas.

RITUALES ESTACIONALES (INVIERNO, PRIMAVERA, VERANO, OTOÑO)

Los rituales espirituales que se alinean con las estaciones pueden realizarse cambiando tu espacio con cada nueva estación. Por ejemplo, mi abuela materna tenía el ritual estacional de cambiar las cortinas y la ropa de cama de cada habitación de su casa al comienzo de cada estación. Se podía sentir el cambio de energía que esto generaba y cómo dejaba las habitaciones no solo físicamente limpias, sino también energéticamente renovadas.

CAPÍTULO SIETE
RITUALES

Las brujas modernas adaptan las prácticas de nuestros ancestros y ancestras y honran sus tradiciones, a la vez que las vuelven absolutamente personales. La intuición es poderosa y, cuando aprendes a escuchar a tu voz interior, es hora de prestar atención. Esta voz puede ser la fuerza impulsora de nuestras prácticas espirituales y de los ingredientes, las herramientas y los métodos que usemos. Comprender el significado de los diferentes rituales también es importante, ya que esto nos permite saber cuál usar según el momento y la situación.

Limpieza espiritual

Los rituales o ritos de limpieza deben incorporarse a la vida cotidiana para cuidarnos y preservarnos espiritualmente. Recuerda que estos rituales no tienen por qué ser una carga emocional. Incorporar rituales de limpieza en tu práctica es una forma de mantener tu salud mental, física y espiritual.

Un ritual sencillo consiste en rociarte las manos con Agua de Florida, colocarlas delante de tu rostro para inhalarla y, luego, levantarlas y pasarlas por encima de tu cabeza. Puedes repetir esta limpieza tres veces antes de salir de casa en la mañana. Despeja tu mente de pensamientos negativos y puede actuar como una barrera a lo largo del día contra las emociones de vibración más baja de otras personas, como el enojo y la envidia. También puedes encender velas y establecer la intención de que la llama simbolice la purificación de tu espacio y aleje la energía negativa y estancada. Siempre que trabajes con fuego, la seguridad debe ser lo más importante. Pide a una persona adulta que te ayude.

Un ritual práctico de limpieza mágica aún más sencillo es llevar durante todo el día una gema que se use para purificación, como un cuarzo blanco o una selenita. Muchas tiendas venden accesorios con gemas, como pendientes, collares y pulseras, que son una forma estupenda de estar al día con tu cuidado espiritual y estar a la moda al mismo tiempo. Y no olvides que un buen baño espiritual o limpia podría ser justo lo que necesitas para purificar tu espíritu y sentirte renovada.

Protección espiritual

· · · · · · · · · · ❋ · · · · · · · · · · ·

Al igual que con la limpieza espiritual, es muy importante proteger tu espíritu para evitar el mal de ojo y la negatividad. Puedes llevar accesorios contra el mal de ojo para protegerte o dejarlos en tu casa para estar protegida allí. Tener una gema que signifique protección espiritual también puede ser útil. Considera la posibilidad de llevar una piedra de turmalina negra en el bolsillo, el bolso o la cartera. Puedes crear un escudo protector a tu alrededor pasando una varilla de selenita por tu cuerpo de la cabeza a los pies. El Agua de Florida también es poderosa para esto, ya que puede utilizarse para limpiar espiritualmente el cuerpo y protegerlo. Usar palo santo puede elevar la protección de tu espacio, objetos y de ti misma. Se cree que la salvia limpia el ambiente, mientras que el palo santo conserva todo lo beneficioso de esta limpieza para prolongar la protección y la buena energía. ¡Ni siquiera es necesario encenderlo! Puedes encontrar ambos elementos en forma líquida y rociarlos, o también pueden usarse como aceites. Además, es muy importante recordarte a ti misma que estás protegida. Si te sientes vulnerable o expuesta a situaciones en las cuales no te ves protegida, puedes hablarle en voz alta al Espíritu, a tus ancestros y ancestras, tu equipo espiritual, y decir algo como, "Estoy protegida, me guían, estoy segura". Repítelo hasta que lo sientas y lo creas. Tu equipo espiritual está escuchando.

MAL DE OJO

En lugares como México, el Caribe, América Latina, África Occidental y partes del Oriente Medio, se cree que el mal de ojo es una dolencia espiritual seria. Otras personas creen que es una superstición. Muchas culturas creen que el mal de ojo puede derivar en una enfermedad o traer mala suerte a quien lo sufre. Dado que al mal de ojo lo transmite una persona a otra de manera involuntaria, es importante que nos protejamos cuidándonos espiritualmente y utilizando símbolos espirituales como el ojo que encontramos en todo el mundo. Se lo lleva puesto o encima para alejar la energía negativa de quienes te odian a ti y tus éxitos; incluso algunas personas que te admiran de verdad, pero que no son conscientes de que sus comparaciones generan envidia, pueden transmitirte el mal de ojo. La creencia es que cuando una persona mira a otra a los ojos con envidia, celos, mala intención o incluso admiración, le transmite mal de ojo. Algunas culturas también creen que el mal de ojo puede transmitirse de una persona a otra a través del tono de voz.

En la península de Yucatán, las comunidades mayas creían que las personas más jóvenes eran particularmente vulnerables al mal de ojo porque aún no eran lo suficientemente resistentes para repelerlo. Pero también consideraban que incluso las personas adultas podían recibir el mal de ojo.

Llevar accesorios contra el mal de ojo o decorar la casa con objetos de este tipo puede agregar una capa de protección espiritual a la persona que vista dichos accesorios y al espacio que tenga esta decoración. Este símbolo nos ayuda a protegernos contra este mal y contra síntomas como fiebre, náuseas, vómitos, fatigas, insomnio, falta de apetito y mala suerte. En la infancia, otros síntomas pueden incluir diarrea y llanto excesivo.

Diferentes grupos indígenas incluso tenían sus propios rituales para librar o proteger a alguien del mal de ojo. Los pueblos nativos de Yucatán ataban una cinta roja alrededor de la muñeca derecha de una persona joven para ahuyentar este mal. El color se eligió estratégicamente, ya que es un tono que simboliza una energía potente y atractiva. Cuando alguien lleva una pulsera contra el mal de ojo, es la pulsera la que absorbe este mal. Algunas comunidades insisten en que las infancias lleven esta pulsera hasta que sean lo suficientemente grandes como para expresarse por sí mismas.

Las personas que se dedican a la medicina espiritual de tradición maya, a quienes se conoce como curanderas y curanderos, para diagnosticar el mal de ojo, pasan un huevo crudo por todo el cuerpo del niño o niña enfermo y luego lo rompen. Si se detecta el mal, le practican una limpia espiritual con plantas diversas y otros ingredientes.

Manifestación

La manifestación está de moda, y muchas personas se preguntan cómo atraer a su vida las cosas que más desean. Algo importante que debes saber sobre la manifestación es que no conseguirás todo lo que quieres solo porque lo deseas. Nuestros deseos e intenciones deben alinearse con nuestra esencia verdadera, con el propósito de nuestra alma y, si esto no es así, no importa cuánto desees algo, el Universo no permitirá que la manifestación entre a tu vida. O quizá entre a tu vida para enseñarte una lección que no aprenderías de otro modo. Esto es diferente de un fracaso. Puedes intentar algo nuevo y no tener éxito, pero eso no significa que no estás alineada con ello; quizá solo debes volver a intentarlo. Así que asegúrate de tener claro lo que deseas manifestar y por qué. Lo que manifiestes debería ser algo que eleve tu experiencia humana de un modo que no perjudique a ninguna otra persona ni a ti misma. Tu manifestación podría influir en el colectivo si da sus frutos en tu vida. Por ejemplo, podrías querer manifestar una bicicleta nueva, que te facilitará andar por la ciudad cuando vayas a visitar a tus amistades y reducirá la necesidad de que las personas mayores te lleven en el coche a todos lados. Tu manifestación habrá tenido un impacto favorable no solo para ti.

Los rituales de manifestación pueden llevarse a cabo de diversas maneras. Puedes crear un baño para manifestar cosas en la luna nueva o crear un altar de manifestación que incluya elementos que simbolicen lo que deseas atraer a tu realidad. Una técnica de manifestación conocida que es muy buena es armar un panel de visualización. Si ves una y otra vez las imágenes de las cosas que quieres manifestar, atraerás esas cosas a tu vida. Podría llevar unos pocos meses o años. Lo más importante es creer que cuando estableces una intención para manifestar algo en tu vida, esta se hará realidad si ese deseo está alineado con tu espíritu. Y por eso es tan importante que escuches tu intuición y conectes con el Espíritu, tus ancestros y ancestras benevolentes y tu equipo espiritual para recibir la ayuda necesaria y encaminarte en la dirección correcta.

Las afirmaciones son estupendas para potenciar las manifestaciones. Así, si ves a alguien en la calle conduciendo la bicicleta que quieres manifestar, puedes observarla e imaginar que ya es tuya. Que entre en tu vida es solo una cuestión de tiempo. Créelo. Siéntelo. Confía.

CAPÍTULO OCHO

MEDITACIÓN

La meditación es una hermosa manera de mirar hacia tu interior y conectarte profundamente contigo misma. Hay varios métodos para meditar; si uno no te resulta, prueba con un enfoque diferente. Sentarte en estado de quietud y atender a la respiración es un recurso muy bello para conectarte con la tierra si te sientes ansiosa, estresada o agobiada por las emociones. Es fácil que nuestra mente divague, y piense en un millón de cosas. Entonces, si podemos retornar a la respiración cada vez que notamos que nuestra mente inquieta intenta tomar el control de la meditación, esto nos ayudará a mantenernos presentes y simplemente ser.

Conectar con la respiración

Prueba sentarte sobre una colchoneta de yoga o una almohada en el piso con la espalda derecha y el mentón apuntando ligeramente abajo, hacia el pecho. Esta posición elonga la columna y permite que la energía fluya libremente a través del centro de tu cuerpo y de cada chakra. Hablaremos de eso en un momento. Coloca las manos suavemente sobre las piernas con las palmas hacia arriba. Eso indica que quieres recibir la guía espiritual y los mensajes del Universo. Cierra los ojos y solo respira. No es necesario que respires de ninguna forma en especial. Deja que tu respiración vaya y venga como pueda sin intentar alterarla. Observa este flujo entrar y salir de tu cuerpo. Es una fuerza vital, y poder respirar es algo milagroso. Reconoce el milagro y agradece poder hacerlo. Permanece sentada y observa tu respiración tanto tiempo como puedas. En cuanto notes que surgen otros pensamientos, vuelve una vez más a la respiración antes de volver a abrir los ojos. Quizá solo hayan pasado treinta segundos, está bien. La próxima vez que pruebes esta práctica tal vez puedas sentarte durante un minuto o quizá tres, hasta que el tiempo deje por completo de ser un problema.

Meditación para
el viaje del alma

·············· ❋ ··············

Cuando puedas meditar durante lapsos más largos observando el flujo de la respiración, puedes intentar ir un poco más allá. En la sabiduría espiritual indígena, se creía que era posible viajar a través de la meditación. Eso ocurre cuando tu alma viaja a otros lugares y tiempos por medio de la mente. Este viaje del alma puede facilitarse purificándote a ti misma y limpiando tu espacio antes de comenzar el ritual de meditación. Puedes usar salvia, palo santo o simplemente rociarte un poco de Agua de Florida en las manos, inhalar la esencia relajante un par de veces y frotarte suavemente las manos a lo largo de tu cuerpo, de la cabeza a los dedos del pie, y establecer la intención de viajar durante la meditación mientras lo haces. También puedes poner música para que te guíe a lo largo de tu viaje del alma. Recuerda que la música suele asociarse con el viento en las tradiciones indígenas, por lo cual el sonido de la melodía y los instrumentos pueden llevar al alma a los confines de la mente, donde residen el autodescubrimiento y la sanación. Cantar también contribuye a potenciar el poder que subyace en la meditación del viaje del alma, y los aceites esenciales pueden ayudar a despertar el espíritu para recibir los mensajes y enseñanzas descubiertos mediante esta práctica.

Un simple batir de tambores o el sonido suave de una flauta pueden transportarte profundamente en una meditación de viaje. Mientras estás sentada con los ojos cerrados, comienza a centrarte en el sonido de la música y permite que sus olas te lleven lejos. Confía en que estás segura y que partes con una misión de autodescubrimiento y autoconciencia. El Universo y tu equipo espiritual te ayudarán a orientarte. Si tienes dudas sobre esto, di en voz alta la frase: "Durante mi introspección en este viaje del alma, pido al Universo y a mi equipo espiritual que me guíen y protejan". Cuando pronuncias esas palabras, tu magia se libera en el ambiente como polvo de estrellas. Has conectado con el Universo al declarar esta intención y solicitar que te orienten. Ahora, mientras permaneces sentada con los ojos cerrados y el corazón conectado con el batir de los tambores o la melodía de la flauta, te conviertes en observadora del viaje de tu alma. Puede no resultar del todo lógico al principio. Tal vez surjan pequeños destellos de imágenes. Algunas conocidas, otras completamente nuevas. O quizá veas de repente la cara de una persona que conoces: un ser querido, una amiga o, incluso, un enemigo íntimo. No trates de comprender la experiencia; solo obsérvala y permite que el viaje fluya. Puede que te conectes tanto con el viaje de tu alma que tu cuerpo físico reaccione con una sonrisa inesperada, porque tu alma viajó a un lugar que te hace feliz. O bien podrías sentir que una lágrima cae por tu mejilla si has visto la imagen de algo que te pone triste o te decepciona. No pasa nada si también surgen estas cosas. El aprendizaje reside en poder confrontar aquello que nos provoca, por ejemplo, la tristeza, la decepción, el enojo u otros sentimientos. Es posible aprender algo de esas sensaciones y, cuando lo hayamos hecho, transformamos la experiencia de algo malo o hiriente en algo que de aquí en adelante nos habrá fortalecido. Nuestras experiencias de vida nos ayudan a ganar sabiduría, pero no deben definir quiénes somos. La meditación del viaje del alma es una forma maravillosa de conectarte verdaderamente contigo misma y con el Gran Misterio que contribuye en la creación de tu vida.

Meditación para conectar con la tierra

......................✳......................

Si te sientes malhumorada o fuera de eje, prueba con esta meditación para conectar con la tierra, que te ayudará a calmarte y reconectarte. Puedes sentarte en la postura de meditación que mencionamos más arriba o, si quieres, puedes sentarte en una silla, un banco o incluso sobre tu cama, siempre que logres tocar completamente el piso o el suelo con los pies. Coloca las manos sobre las piernas con las palmas hacia abajo para conectar con la tierra. Cierra los ojos y haz tres respiraciones purificadoras inhalando profundo por la nariz y exhalando con un suave suspiro por la boca. Con cada exhalación, siente cómo tu cuerpo se libera y se relaja profundamente. Después de la tercera respiración purificadora, vuelve a respirar de forma normal con los ojos cerrados. Imagina una luz radiante y hermosa que se forma en la coronilla, la parte superior de tu cabeza. Mírala brillar como un reflector: ¡eres la estrella del show! A medida que la luz se hace más brillante, imagina que se expande e ilumina lentamente tu cuerpo, desde la coronilla hacia abajo, a través de cada una de las partes de tu cuerpo hasta los dedos de los pies. Luego, imagina que te crecen raíces desde las plantas y los dedos de los pies y observa cómo esas raíces hacen todo el recorrido hasta el centro de la Tierra. Inspira. Concéntrate un momento en la visualización antes de observar estas raíces recorrer el camino de vuelta desde el centro de la Tierra hasta tus pies, y comienza a hacer movimientos mínimos con los dedos de los pies y las manos para traerte de regreso a la habitación antes de abrir lentamente los ojos. Coloca las manos una encima de la otra sobre el chakra del corazón en el centro de tu pecho, respira hondo por la nariz y exhala por la boca. Si sientes el impulso de moverte, ponte de pie y sacude los brazos y las piernas para cambiar la energía a tu alrededor antes de empezar el día o de retomar la meditación.

Meditación para
la apertura del corazón

.... ❋ ....

Si sientes que necesitas paz y amor, una buena meditación de apertura del corazón podría servirte mucho. Comienza por establecer la intención de abrir tu corazón al amor y la paz. Podrías decir algo así:

Mientras me siento a meditar, focalizo en el centro de mi
corazón y lo lleno de amor y armonía. Que así sea.

Usa las herramientas que sientas apropiadas. Puede que sea un sahumerio de rico perfume, o bien podrías usar agua de rosas (que además es buena para tu piel) para rociarte y rociar el espacio a tu alrededor. Una vez que el ambiente esté preparado, estarás lista para sumergirte en esta meditación de apertura del corazón.

Para comenzar, cierra los ojos y empieza a concentrarte en el centro del corazón. Puedes visualizar que unos tonos verde esmeralda o rosa irradian desde tu pecho, ya que estos colores simbolizan el amor que tienes para brindarles a las demás personas y para ti misma. Invoca esa bella energía y reconoce que eres amor. En el nivel más fundamental de nuestra humanidad, somos amor, y si transitamos la vida con esa energía, pueden suceder cosas hermosas.

Imagina que esa luz se proyecta hacia adelante desde tu corazón hasta que llena el espacio. Permanece envuelta en esa energía por el tiempo que desees. Antes de abrir los ojos, recuérdate que eres amor y que tu intención es llevar ese sentimiento contigo durante el día donde sea que vayas y frente a cada persona que te encuentres.

Meditación para
el corte de lazos

❋

Esta meditación se conoce como la que te ayuda a limpiarte de una expareja. Esto es cierto. Pero es mucho más que eso. Cuando emprendemos un ritual de meditación para el corte de lazos, nuestra intención es romper los vínculos energéticos que nos unen a otra persona. Por supuesto, puede tratarse de una expareja amorosa, pero también puede ser una antigua amistad, una persona tóxica de la familia o alguien del trabajo que se comporte de forma agresiva.

Los rituales de corte de lazos existen desde hace siglos y tienen raíces indígenas y africanas. Las ceremonias pueden llevarse a cabo de diversas maneras según la tradición espiritual que se practique, pero tienen el mismo propósito: liberar a una o varias personas de los lazos energéticos que las unen a otras.

El pueblo yaqui de Sonora, México, tiene una ceremonia de corte de lazos llamada Lutu Pahko, que es un ritual que dura toda la noche y se realiza un año después de la muerte de alguien para liberar del duelo a la familia y la comunidad.

Los rituales chamánicos de corte de lazos son bastante distintos. La persona se conecta con su espíritu animal para que la ayude a cambiar la energía de un vínculo actual. Este ritual no corta completamente los lazos, sino que cambia la energía de una relación poco saludable y desequilibrada por una sana y enriquecedora de la fuerza vital de alguien.

A continuación, podrás encontrar las instrucciones para un ritual de corte de lazos que puedes probar si quieres que alguien salga de tu vida de una vez y para siempre.

- Escribe su nombre en un pedazo de papel.
- Enciende una vela naranja para representar el chakra sacro, nuestro centro energético de la creatividad y la identidad. Pide a una persona adulta que te ayude y sé siempre precavida cuando trabajes con fuego.
- Mientras arde la vela, pronuncia unas palabras de liberación, como "Suelto la energía de _____ para que se vaya de mi aura".
- Puedes observar fijamente la llama para hacer una meditación con los ojos abiertos. Es asombroso lo que puede revelar el fuego cuando lo observamos un buen rato. O puedes cerrar los ojos y visualizarte cortando físicamente los lazos que te unen a esa persona.
- Si eso te resulta demasiado difícil, hazlo de una forma más práctica: consigue un hilo y córtalo con una tijera para representar tu intención.
- Según la intensidad del vínculo, quizá necesites hacer este ritual más de una vez para sentirte completamente segura de que cortaste los lazos energéticos y de que puedes seguir adelante y empezar de nuevo.

- Recuerda que la idea es soltar con amor, aunque no sean las mejores personas para compartir la vida. Despídelas con amor, lo cual también te enriquecerá el alma y te brindará sanación.
- Toma el pedazo de papel y abóllalo o rómpelo en pedacitos, luego colócalo en un recipiente con agua antes de tirarlo por el inodoro o enterrarlo afuera.

CAPÍTULO NUEVE

COMPRENSIÓN DE LOS CHAKRAS

Todas las personas tenemos chakras, o centros energéticos, dentro de nuestro cuerpo, que se relacionan con diversas cosas. Independientemente de si la sabiduría espiritual indígena los llamaba chakras —una palabra de los antiguos textos filosóficos hindúes conocidos como Vedas— o no, el reconocimiento de estos centros energéticos en todo nuestro cuerpo está presente. Aunque hay muchos chakras a lo largo de nuestro cuerpo, nos centraremos en los siete centros energéticos principales que se encuentran en la columna vertebral, desde su base hasta la parte superior de la cabeza. Cada uno de los chakras tiene un significado diferente, se asocian con diversas partes del cuerpo y emociones y se representan con colores o incluso con sonidos. Estos centros energéticos conforman un canal de comunicación y pueden revelar el inicio de enfermedades y dolencias, así como la sensación de estar fuera de eje. La clave de todo este trabajo es el equilibrio, y los chakras son una muy buena forma de controlar cómo estás y prestar atención especial a las partes de tu cuerpo, mente y espíritu que más lo necesitan. Comencemos.

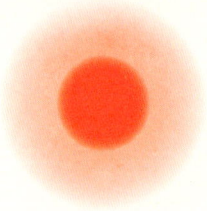

Chakra raíz

· · · · · · · · · · · ✳ · · · · · · · · · · ·

El chakra raíz es el primer centro energético. Se encuentra en la base de nuestra columna vertebral, se simboliza con el color rojo y se lo asocia con el elemento tierra. Es la zona que se asocia con la sensación de seguridad y de tener un anclaje en nuestra vida. Si sientes que no puedes valerte por ti misma o si te sientes culpable todo el tiempo, puede ser un indicio de que tu chakra raíz está desequilibrado.

Cada chakra se asocia a un sonido o mantra; para el chakra raíz el sonido es *LAM*. Siéntate en meditación y respira hondo. A medida que exhalas, vocaliza *LAM* y siente la vibración en tu chakra raíz. Esto te ayuda a equilibrar ese centro energético y a liberarte de sentimientos de miedo y culpabilidad.

También puedes encender una vela roja, que simboliza la necesidad de expresarle amor a tu chakra raíz, o bien podrías comprarte unas flores rojas y, cada vez que las mires, sonreír y recordarte que estás segura y que no tienes que preocuparte. Comer frutas rojas y otros alimentos también puede estimular el chakra raíz y equilibrarlo. Asimismo, puedes conseguir gemas como el rubí, el jaspe rojo o el ágata de fuego y sostenerlas mientras meditas, colocarlas cerca de la cama o llevarlas contigo durante el día. Las conexiones entre los colores, los sonidos y los chakras son bastante sorprendentes así que, ¡juega con ellas!

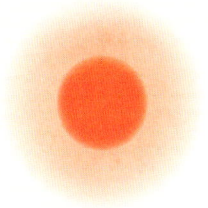

Chakra sacro

············✳············

El chakra sacro es el segundo chakra. Se encuentra, aproximadamente, cinco centímetros debajo del ombligo, se lo representa con el color naranja y se lo asocia con el elemento agua. Es el centro de la creatividad y la sexualidad. Es el centro del útero y la zona de nuestros órganos sexuales. Aquí es donde vive nuestra creatividad, junto con las cosas hermosas que queremos crear. Los sentimientos de bloqueo creativo pueden ser indicio de un desequilibrio en el chakra sacro.

Puedes recuperar el equilibrio meditando parecido a como se propone en el chakra raíz, salvo que, en este caso el mantra es *VAM*. ¡O puedes ponerte de pie y moverte! El chakra sacro es como las olas del mar. Entonces, si te sientes estancada, mover el cuerpo cambiará la energía dentro de ti y a tu alrededor. Baila, practica yoga, haz una caminata por la naturaleza o sal a disfrutar al aire libre. Las gemas que funcionan bien para equilibrar el chakra sacro son el ámbar, la turmalina naranja y la heliolita.

Chakra del plexo solar

················ ❋ ·············

El chakra del plexo solar es el tercer centro energético. Se encuentra unos cinco centímetros por encima del ombligo, se lo representa con el color amarillo y se lo asocia con el elemento fuego. Es el centro de la autovaloración, la autoestima, el respeto por una misma y la capacidad para tomar decisiones. Si te sientes cohibida o albergas muchas dudas acerca de ti, esto es un indicio de que el chakra del plexo solar está desequilibrado.

Para este chakra, medita con el mantra *RAM*. Como con los otros dos, di *RAM* al exhalar. Es decir, inhala profundamente y al exhalar di "Raaaaammmmm". Siente la vibración del mantra en el chakra del plexo solar. Esto contribuye a equilibrar ese centro energético. También puedes colocar las dos manos, una encima de la otra, sobre el chakra y visualizar hermosos rayos de sol que brillan resplandecientes a través de ti y hacia afuera iluminando el espacio en el que te encuentras. Imagina que esos rayos colman la habitación y te envuelven para que quedes rodeada de esta luz del sol hermosa, cálida y sanadora. Las recomendaciones de gemas para sanar el plexo solar son el cuarzo citrino amarillo, el ojo de tigre amarillo y el topacio amarillo, por nombrar solo algunas

Chakra del corazón

······· ❋ ·······

El chakra del corazón es el puente entre los primeros tres chakras —raíz, sacro y del plexo solar— que representan nuestro mundo físico, y los últimos tres —el de la garganta, el tercer ojo y la corona— que representan nuestro mundo espiritual. El corazón está en el centro de todo. El amor es tan poderoso que puede curar al mundo de sus aspectos más tóxicos. Si un número suficiente de personas viviéramos a través del amor, esto haría que nuestro planeta y la vida humana fueran más felices. Por lo tanto, es importante cuidar el chakra del corazón.

Se encuentra en el centro del pecho, se simboliza con el color verde y se asocia con el elemento aire. Es el centro del amor, la compasión y el perdón. Si tienes mal de amores o una pena de cualquier tipo, el chakra del corazón se desequilibra y necesita sanación.

La meditación para abrir el corazón del capítulo anterior resulta magnífica para ayudar a recuperar el equilibrio del chakra del corazón. Cantar, rezar, vocalizar el mantra *YAM* y despejar tu espacio también pueden contribuir a recuperar sentimientos de alegría, tranquilidad y paz en el centro del corazón. Para elevar los sentimientos de amor y compasión, y equilibrar de ese modo el chakra del corazón, puedes rociarte con agua de rosas. Entre las gemas que favorecen el equilibrio del chakra del corazón se encuentran el cuarzo rosa, la turmalina verde, el peridoto y el jade.

Chakra de la garganta

.... ✳ ....

El chakra de la garganta es nuestro quinto chakra. Se encuentra en el centro de la garganta, se lo simboliza con el color azul y se lo asocia con el sonido. No es el elemento típico, pero podría decirse que pertenece a la categoría del viento, puesto que la sabiduría espiritual indígena asociaba la música con el viento.

Es un chakra propicio para vocalizar mantras, ya que está conectado con el sonido. Canta el mantra *HAM* y concéntrate en la vibración de la garganta. Este es el centro para expresarnos y reconocer la importancia de nuestra voz. Algunos indicios de que el chakra de la garganta está desequilibrado son que te hagan callar a menudo, que te cueste expresarte o que evites mostrar tus talentos creativos. Para equilibrar este centro energético es bueno vocalizar mantras, cantar y rezar en voz alta. Cristales como el aguamarina, la sodalita, la turquesa y la kyanita azul funcionan bien para equilibrar la garganta.

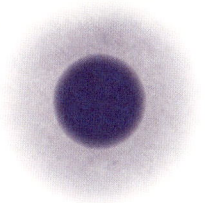

Chakra del tercer ojo

··········· ✳ ···········

El chakra del tercer ojo es el sexto chakra y se encuentra entre las cejas. Es el ojo que puede ver mucho más allá que los otros dos. Se lo asocia con el color índigo y simboliza la luz. Imagina abrir una cortina pesada para ver el sol. Eso es, en esencia, lo que haces cuando te ocupas de equilibrar el chakra del tercer ojo y de mantenerlo saludable. Allí es donde se desarrolla tu intuición. Conectar con el tercer ojo puede ayudarnos a tener una visión más amplia de la vida. Es nuestra verdad y nuestra capacidad de aprender de las experiencias que atravesamos en la vida.

Si tienes dificultad para confiar en las demás personas, en ti misma y en las situaciones, esto es un indicio de que el tercer ojo está desequilibrado. Vocalizar el mantra *OM* y centrar esa energía en el tercer ojo puede ayudarte a recuperar el equilibrio. La meditación de visualización también es muy buena para el equilibrio del chakra del tercer ojo. Mientras estés sentada con los ojos cerrados meditando, conecta con el tercer ojo. Incluso puedes masajearlo un poco para darle un envión a la energía. Imagínate a ti misma en una situación que consideras ideal, viviendo la vida lo mejor posible. Todo está en su lugar y tus deseos más profundos se manifestaron. Obsérvate en este estado por un momento. Cuando estés lista, confróntate y hazte la pregunta, "¿Cómo llegaste hasta aquí?". Luego, escucha. Quizá te sorprendas con la respuesta. Confía en lo que surja y agradécete. Este ejercicio sirve para recordar que, si bien muchas veces buscamos una guía externa, por lo general, las respuestas están en nosotras y podemos encontrarlas si miramos hacia adentro. Consíguete un lapislázuli, una amatista o un cristal de cuarzo blanco para potenciar la sanación de este centro energético.

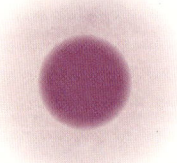

Chakra corona

·········· ❋ ··········

El chakra corona es el séptimo chakra y se encuentra en el centro de la parte superior de la cabeza. Este centro energético se asocia a tres colores —violeta, blanco y dorado— y mientras meditas puedes invocar los colores y confiar en el primero que se te presente. ¡Tal vez veas los tres!

El chakra corona está asociado al pensamiento y a nuestra conexión con lo Divino. Si dudas de tu capacidad de confiar en la vida o en tu propia fe, esto puede ser indicio de que el chakra corona está desequilibrado. Vocalizar el mantra *AH* puede ayudarte a abrir y equilibrar este centro. Imagina ese hermoso color que se te presentó durante la meditación y piénsalo como una luz radiante que fluye desde la parte superior de tu cabeza al éter. Esta es tu escalera a la Fuente. Tu conexión con el Poder Superior. Más allá de esta conexión, también se trata de creer que incluso en tus días más oscuros hay algo mayor que tú que te guía y te protege en tu camino.

Varios cristales corresponden a este chakra. Entre ellos, se encuentran la amatista, la selenita, la piedra lunar y el cuarzo blanco.

UN VISTAZO DE LOS CHAKRAS

CHAKRA	COLOR	SONIDO	CRYSTAL
Chakra raíz	Rojo	LAM	Jaspe rojo, cornalina, turmalina negra, heliotropo, cuarzo de fuego, obsidiana
Chakra sacro	Naranja	VAM	Ojo de tigre (naranja), calcita naranja, cornalina, heliolita, ámbar
Chakra del plexo solar	Amarillo	RAM	Ojo de tigre (amarillo), cuarzo limón, citrino, pirita, topacio amarillo, turmalina amarilla
Chakra del corazón	Verde	YAM	Cuarzo rosa, jade verde, malaquita, aventurina verde, esmeralda, ágata musgosa, peridoto
Chakra de la garganta	Azul	HAM	Aguamarina, lapislázuli, ágata azul, turquesa, amazonita
Chakra del tercer ojo	Índigo	OM	Amatista, fluorita, sodalita, cuarzo blanco, kunzita, obsidiana
Chakra corona	Dorado, violeta, blanco	AH	Cuarzo blanco, selenita, howlita, ágata blanca, fluorita, amatista, angelita

CAPÍTULO DIEZ
LIMPIAS Y BAÑOS

Las limpias, o limpiezas espirituales, y los baños, o baños herbales, han sido una parte importante de los rituales espirituales indígenas durante cientos de años en América Latina. Si bien el enfoque de estas prácticas espirituales puede ser algo diferente, la intención general de ambos rituales es la misma: purificar y revitalizar el cuerpo, la mente, las emociones y el aura para quitarnos la energía negativa y estancada.

Los términos limpias y baños suelen usarse indistintamente, pero existe una diferencia entre ellos. En las limpias se utilizan líquidos como agua, leche de coco y Agua de Florida combinados con hierbas, flores y, algunas veces, aceites esenciales, y este preparado se vierte sobre el cuerpo. Los baños llevan ingredientes similares, pero debes sumergirte en ellos, con la intención explícita de que los bloqueos de energía se eliminen del cuerpo y se vayan por la cañería junto con el agua del baño espiritual.

Las limpias también pueden realizarse con humo, fuego y hierbas. En las limpias de humo, se quema salvia o alguna otra hierba sagrada y se deja que el humo envuelva el cuerpo de la persona o llene el espacio que requiera una limpieza espiritual. A este ritual también lo puede realizar una practicante espiritual, una curandera, una bruja, una persona espiritualista (como prefiera ser llamada esa persona). La persona facilitadora que realice la práctica inhalará profundamente y exhalará el humo sagrado en torno a quien esté recibiendo la limpia. La oración, el canto y la meditación también pueden formar parte de este ritual.

Limpias de fuego

························❋···············

Las limpias de fuego se utilizan como un portal al mundo sobrenatural. Las ceremonias con fuego eran una de las limpias más comunes en la Mesoamérica antigua. Estas limpias no se realizaban solo para las personas, también podían involucrar lugares, y se creía que tenían el poder de activar y renovar la esencia de un espacio. Sí, los distintos espacios físicos también tienen energía. Así que la próxima vez que estés en tu casa y te sientas muy a gusto, contempla tu espacio y agradece. La energía lo va a apreciar y responderá con aún más vibraciones positivas.

Asimismo, las limpias de fuego pueden cambiar las rachas de mala suerte, y hacer un fuego antes de comenzar una ceremonia espiritual o un ritual puede simbolizar el ofrecimiento de un nuevo comienzo. Las curanderas y curanderos experimentados realizan limpias de fuego blanco, las cuales se preparan y suelen combinarse con otros trabajos espirituales, como pláticas, o charlas al corazón, así como mensajes del Espíritu y meditaciones para el viaje del alma. El fuego se prepara con mucho cuidado en una olla grande o caldero con sales de baño, alcohol para fricciones y hierbas aromáticas secas. Se agrega un chorrito de alcohol para generar el fuego cuando se arroja un fósforo a la olla. Según la tradición, una vez que el fuego está encendido, la curandera o curandero puede agregar ofrendas, como resina de copal (para invitar a las figuras ancestrales al ritual), palo santo y otras hierbas.

Para ti, será suficiente con una vela. Este fuego será igualmente simbólico. Mientras la llama arde, limpia el espacio y a la persona o las personas para quienes se ha encendido. Tocar música es una excelente manera de meditar mientras el fuego está encendido; la música cambia la energía, elimina los bloqueos y el mal yuyu, término que se originó en África Occidental y alude a la mala suerte o a la mala energía. En las prácticas chamánicas, se cree que existe el buen yuyu, que es protector y energizante, y el mal yuyu, que puede derribarte.

Limpias de huevo

······· ❋ ·······

Las limpias de huevo también son poderosas para limpiar el aura, curar el mal de ojo y eliminar la energía negativa. Se cree que el huevo absorbe todas las cosas desagradables que rondan tu energía y te libera de ellas.

1. Después de establecer tu intención y dar las gracias por el huevo y cualquier otra herramienta que utilices, puedes limpiar el huevo con un poco de Agua de Florida, encender una vela (procede con cuidado y pídele ayuda a una persona adulta), y así la limpia de huevo puede comenzar.

2. Se pasa el huevo crudo por todo el cuerpo, de la cabeza a los pies; esto lo puede hacer la misma persona u otra persona facilitadora de la práctica.

3. Luego, se puede romper el huevo en un vaso transparente lleno de agua fría con sal. También puedes usar Agua de Florida.

4. Observa cómo el huevo se hunde hasta el fondo del vaso y después aléjate por cinco minutos antes de leerlo. Algunas personas creen que dejar el huevo en el vaso durante más tiempo producirá más resultados, pero intenta no pasar de los diez minutos. Eso será suficiente.

5. Ni tú ni nadie debe mover ni tocar el vaso. Deja que la limpia de huevo actúe antes de intentar leer los resultados.

6. Este último paso es opcional. Recuerda que has establecido tu intención al comienzo del ritual; por lo tanto, si tu propósito era hacer una purificación de aura con el huevo y crees que esta funcionó, no es necesario leer los resultados. Sin embargo, si estás interesada en ver qué fue lo que el huevo detectó, entonces la lectura será útil.

LECTURA DE LA LIMPIA DE HUEVO

Cuando observes el huevo en el vaso con agua, recuerda no moverlo; solo examina lo que ves. Incluso puedes tomar una foto si quieres verlo de más cerca. Lo que veas en el vaso podría explicar por qué te has estado sintiendo de una determinada manera. El hecho de que se encuentre en el vaso es un buen indicio de que el huevo te ha liberado de ello.

○ Las burbujas pueden simbolizar que la limpia ha sido exitosa. Si son grandes, puede indicar que otras personas están hablando de ti.

○ Si el agua se ve turbia, podría señalar la presencia de dolencias físicas y fatiga mental. Es posible que la limpia haya eliminado algo de eso, pero sería una buena idea continuar la sanación con más limpias u otras formas de purificación espiritual. Deja pasar unos días y realiza otra limpia de huevo para ver si es transparente o si el problema persiste.

- Los hilos muestran que tienes una conexión energética con alguien y, si esto no es algo que tú desees, podrías realizar una ceremonia de corte de lazos para liberarte de esa energía.
- Los picos se relacionan con bloqueos energéticos y los chismes. Recuerda que el huevo puede no haber eliminado los bloqueos, sino que te está informando lo que ha encontrado y necesita atención y cuidado.
- Si se observa una figura en forma de ojo en la yema, esto se asocia con el mal de ojo, y deberías trabajar con una bruja profesional o curandera para solucionar la situación.
- También es posible que veas el dibujo de una o varias siluetas humanas en la yema, lo cual indicaría que hay vampiros de energía o personas intimidadoras que forman parte de tu círculo.

Una vez que hayas concluido la limpia de huevo, este debe desecharse de manera segura: puedes tirarlo por el inodoro, por el desagüe o bien afuera en algún lugar alejado de tu casa. No es apto para el consumo. Coloca el vaso con otras herramientas de adivinación y utilízalo solo para el trabajo espiritual. Este puede ser tu vaso para limpias de huevo y nada más.

Limpias de hierbas

· · · · · · · · · · · ❊ · · · · · · · · · · ·

Las limpias de hierbas, o barridas, sirven para limpiar el aura "barriendo" el cuerpo de una persona con hierbas o flores. Reúne las hierbas y las flores que te gustaría usar, átalas juntas en un ramito y rocíalo con Agua de Florida. Pasa el ramito de la cabeza a los pies, con un movimiento como el que haces cuando barres, y repítelo varias veces. Luego, puedes sellar la limpia con agua bendita o con un aceite esencial con el que conectes de manera intuitiva. Frota un poquito en el chakra corona, en el del tercer ojo, el de la garganta y en el del corazón. De este modo, completas el ritual y envías tu amor y bendición para que realice el trabajo previsto.

Si deseas prolongar la purificación, separa el ramito de hierbas o flores en tres platos de papel y cubre las hierbas con sal marina. Coloca los tres platos debajo de la cama, uno debajo de la cabecera, otro debajo del pecho o en la zona media y el último debajo de los pies. En el curanderismo, se cree que la limpieza continuará mientras duermas hasta que las flores y las hierbas se sequen. Cuando esto suceda, puedes desecharlas enterrándolas al aire libre y lejos de tu casa o tirándolas en la basura fuera de tu casa.

Baño de luna nueva

.... ❋ ....

Tal como comentamos anteriormente, la luna nueva es el momento propicio para manifestar cosas en tu vida.

A continuación, encontrarás una forma sencilla de crear un baño de luna nueva para remojar los pies y atraer la abundancia.

INGREDIENTES

1 vela (roja o verde)

2 a 3 cucharadas Agua de Florida

1 a 2 tazas sal marina o sales de baño

¼ taza cada una albahaca, canela y romero

½ a 1 taza pétalos de orquídeas o peonías

RITUAL

1. Enciende la vela roja o verde. La llama representa la limpieza energética que deseas realizar en tu espacio y para ti misma, y sirve para preparar el ambiente para el baño de luna nueva. Recuerda ser siempre cuidadosa cuando manipules fuego y pedir asistencia a una persona adulta.

2. Llena un balde donde entren tus pies con agua tibia y agrega Agua de Florida; mezcla con las manos.

3. Agrega la sal marina o las sales de baño; mezcla con las manos hasta que la sal se termine de disolver. Agradece al agua, al fuego y a la sal por reunirse para simbolizar tus intenciones y la magia.

4. Agrega la albahaca, la canela y el romero y mezcla con las manos. Agradece a las hierbas por su poder. Tus palabras encienden su magia.

5. Cubre el baño de luna nueva con los pétalos de flores. A lo largo de la historia, las orquídeas y las peonías se han asociado a la riqueza y la prosperidad.

6. Por último, pronuncia en voz alta tus deseos e intenciones. Todo lo que quieras atraer durante la luna nueva puede decirse en el hermoso baño espiritual que has creado. Recuerda que el agua tiene memoria, y que tus palabras crean en ella un hermoso tapiz de lo que deseas.

7. Sumerge los pies en el baño de luna nueva durante 20 a 40 minutos. La primera mitad del baño te purificará y sanará, y la segunda creará el espacio necesario para recibir lo nuevo.

Las plantas de los pies tienen miles de puntos de energía. Imagina que la energía del baño sube desde las plantas de los pies hasta el chakra corona, limpiándote y sanándote en su camino.

Limpia de luna llena

·············❋·············

A continuación, encontrarás una muy buena manera de comenzar con una limpia de luna llena. Estos sencillos pasos pueden ayudarte a elevar tu vibración energética; por lo tanto, este es el ritual perfecto si te sientes más cansada de lo habitual, o bien aburrida, triste o enojada. Esta revitalización de la energía te ayudará a liberarte de sentirte desanimada, lo cual puede deberse a acontecimientos de tu vida o a energía que has absorbido de otras personas de tu entorno. Sea como sea, y puede ser una combinación de ambas situaciones, esta es la razón por la que hacer limpias periódicamente es muy bueno para el cuidado espiritual.

1 vela (de cualquier color)

½ taza manzanilla y/o lavanda

1 taza pétalos de rosa frescas

2 a 3 cucharadas Agua de Florida

2 a 3 cucharadas agua de rosas (opcional)

½ taza leche de coco (opcional)

RITUAL

1. Coloca todos los ingredientes sobre la mesa o la barra de la cocina. Enciende la vela. La llama representa la limpieza energética que deseas realizar en tu espacio y para ti misma, y sirve para preparar el ambiente para el baño de luna llena. Agradece al fuego por sus propiedades purificadoras y a todos los ingredientes que has reunido para crear magia. Recuerda siempre ser cuidadosa cuando manipules fuego y pedir ayuda a una persona adulta.

2. Siéntate junto a la llama. Agradece mientras lo haces, para reconocer los poderosos elementos que se están alineando. Una buena alternativa al humo es el Agua de Florida, que también limpiará el espacio, a ti misma y las herramientas espirituales.

3. Lleva agua a un hervor suave. Deja que el agua se enfríe durante unos 10 minutos hasta que esté tibia. Viértela con un colador en el cuenco de la limpia con 1/2 taza de cada hierba que vayas a utilizar.

4. Mientras el agua cae dentro del cuenco, continúa orando, establece tus intenciones, exclama tus afirmaciones, canta y agradece.

5. Agrega de 1 a 2 cucharadas Agua de Florida y el agua de rosas, si lo usas. Mezcla suavemente con las manos o con una cuchara de madera.

6. Agrega la leche de coco y mézclala con las manos. Luego añade el agua de coco, si lo usas. Los cocos representan la felicidad.

7. Cubre la limpia con los pétalos de rosa restantes. Si puedes, intenta conseguir pétalos orgánicos, pero de lo contrario, los comunes servirán si los limpias para eliminar los pesticidas. Para limpiarlos, prepara una mezcla de 2 tazas de agua fría con 2 cucharadas de jugo de limón y 4 cucharadas de bicarbonato de sodio. Sumerge los pétalos en el preparado durante 20 minutos o más y luego enjuágalos con agua varias veces. Las rosas tienen la frecuencia de amor más alta. Así que hazte el mejor regalo de amor a ti misma con esta limpia renovadora.

8. Sumerge con cuidado las manos o los pies en la limpia. Piensa tu intención, y siente la magia subir por los brazos o los pies y viajar a través de todo el resto del cuerpo.

9. No te enjuagues. Deja secar al aire si puedes o date golpecitos con una toalla de color claro.

10. Escribe en tu diario, medita, sal a caminar, baila o haz lo que sea que sientas hacer. Si sientes que necesitas dormir una siesta, honra tu cuerpo.

Recuerda que con esta sencilla limpia estás incorporando todos los elementos. La llama de la vela representa el fuego y el aire. El elemento agua se honra con el agua hervida, el Agua de Florida el agua de coco y el agua de rosas, y las hierbas y las flores representan el elemento tierra.

Otra opción sería hacer la limpia, verterla en un frasco con atomizador y rociártela sobre la cabeza y a tu alrededor. Incluso puedes usarla para rociar ligeramente la cama y las almohadas antes de acostarte.

CAPÍTULO ONCE

OTRAS HERRAMIENTAS DE INTROSPECCIÓN

Tarot

Si bien el tarot no tiene su origen en América Latina, es una herramienta útil de orientación y sabiduría sobre la vida y sobre el camino recorrido, el punto en el que hoy te encuentras y el posible futuro de tu evolución. Hoy en día, muchas brujas usan el tarot como herramienta de adivinación principal, que funciona por sí misma o junto con otras herramientas como complemento, según el ritual.

Los primeros mazos de tarot aparecieron a principios del siglo xv en el norte de Italia, donde se consideraba un juego de cartas y no una práctica ni una herramienta espiritual. Cuando este juego de cartas llegó al sur de Francia, comenzó a tener un nuevo significado con interpretaciones místicas. Los franceses consideraban que las cartas revelaban información sobre una misma, sobre las personas que nos rodean y sobre la vida propia y la ajena. El tarot de Marsella fue el primero que se usó; luego le siguió el célebre mazo de Rider-Waite-Smith. Una mujer de nombre Pamela Colman

Smith fue la artista que diseñó el mazo Rider-Waite-Smith, toda una hazaña para una mujer artista a principios del siglo xx.

En la actualidad, el tarot se usa en muchas prácticas espirituales alrededor de todo el mundo. Incluye setenta y ocho cartas, de las cuales veintidós se llaman arcanos mayores y cincuenta y seis, arcanos menores. Los arcanos mayores se asocian con la travesía humana e incluyen cartas como la fuerza, la emperatriz, el mago, el sol y la luna.

Los arcanos menores hacen foco en una situación presente que puedes estar atravesando en tu vida. Incluyen cuatro palos: bastos, copas, espadas y oros o pentáculos; cada palo está numerado del dos al diez y comprende un as y cuatro figuras: rey, reina, caballero y sota. Cada palo se asocia con un elemento y un aspecto específico de la vida. Los bastos simbolizan ideas y trabajo, y se asocian al elemento fuego. Las copas son el palo emocional y representan el elemento agua. Las espadas se asocian con la masculinidad, el intelecto, la pena, el infortunio y el elemento aire. Los oros o pentáculos simbolizan el elemento tierra, el cuerpo físico y la riqueza o abundancia.

Cuando compres un nuevo mazo, familiarízate con él. Para conectarte con las cartas, observa cada una de ellas y luego mézclalas y mira qué cartas salen. Podrías sacar una carta para ti cada mañana, como guía para todo el día, o bien sacar una carta cada vez que sientas que debes hacerlo. Por lo general, las lecturas de cartas se asocian con los ciclos lunares (ocho fases diferentes que ocurren más o menos cada 29,5 días), que comprenden la luna nueva y la luna llena, así como la creciente, el primer cuarto, la gibosa creciente, la gibosa menguante, el tercer cuarto y la menguante. Las principales fases lunares a las que se suele asociar la lectura del tarot son la luna nueva y la luna llena. La lectura de las cartas del tarot también es célebre para temas como el amor, el trabajo, la familia y las predicciones para el futuro, entre muchas otras interpretaciones.

Aquí hay una que puedes probar si estás comenzando con el tarot.

1. Mezcla las cartas y, mientras lo haces, di una breve plegaria o establece una intención.

2. Si alguna carta se cae mientras estás mezclando, déjala a un lado.

3. Cuando intuitivamente te sientas lista para dejar de mezclar, saca tres cartas —que representan el pasado, el presente y el futuro— de izquierda a derecha.

4. Lee las cartas como si fueran un cuento y, si el mazo con el que trabajas tiene un libro, busca los significados allí; si no, solo intenta sentir qué te están diciendo las cartas a ti.

Al principio parecerá como si estuvieras aprendiendo un nuevo idioma. No te detengas. Si continúas, se volverá algo natural para ti y pronto podrás hacer las lecturas sin la ayuda del libro.

Cartas oráculo

......................✳......................

Las cartas oráculo son un muy buen complemento de las cartas del tarot, pero también se las puede usar solas. La mayor diferencia entre ellas es que las cartas oráculo no están categorizadas como las del tarot, que incluyen arcanos mayores y menores y varios palos. Las cartas oráculo pueden tener mazos temáticos, con ángeles, seres ancestrales o incluso hadas.

Al igual que las cartas del tarot, las cartas oráculo muchas veces vienen con un pequeño librito que explica el significado de cada carta. Es una buena idea familiarizarte con el mazo de cartas antes de elegir uno para llevarte a casa. Observa cada carta para ver cómo te hace sentir. Quizá puedas tratar de comprender su sentido intuitivamente. Luego consulta el librito para ver si acertaste o si necesitas un poco más de orientación acerca de lo que significa.

Las cartas oráculo sirven para reflexionar y explorar lo que estás sintiendo en un nivel más profundo. A veces parece que el Universo está tratando de comunicarse con nosotros y nosotras, y las cartas oráculo son una buena opción para lograr una mayor claridad sobre cuáles son estos mensajes y cómo puedes utilizar esa información.

Astrología

......................✳......................

La astrología muestra cómo estaban posicionados la luna, el sol, los planetas, las estrellas y otros cuerpos celestes cuando naciste y cómo eso se traduce en las características que te hacen ser quien eres. Se cree que la astrología puede interpretar cómo influye la posición de esos cuerpos celestes en la vida de las personas aquí en la Tierra.

Así como la gente consulta a diario el pronóstico del tiempo para saber si deben llevar un abrigo o un paraguas, consultar los tránsitos astrológicos también es importante para la vida cotidiana. El pronóstico a través de los astros puede orientar y guiar acerca de lo que está pasando con el sol, la luna, las estrellas y los planetas y cómo ello influirá en la vida de las personas.

Durante la temporada de eclipses, que ocurre varias veces en el año e incluye un eclipse lunar y uno solar muy cerca uno de otro, se considera que la energía es bastante poderosa y transformadora. Es un momento en el que es importante la introspección para discernir qué aspectos de tu vida necesitan un cambio.

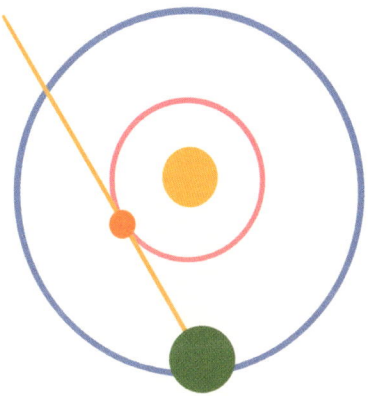

Mercurio retrógrado es un tránsito astrológico que ocurre entre tres y cuatro veces por año, y con frecuencia es un tema candente en la cultura popular y en las redes sociales. Durante ese lapso de tiempo, la rotación de Mercurio se hace tan lenta que pareciera moverse hacia atrás. Es una ilusión óptica, pero se cree que este movimiento, en apariencia hacia atrás, influye en diversos aspectos de nuestra vida cotidiana, como la tecnología, las comunicaciones y los viajes. Es por esto que durante ese tiempo es muy recomendable hacer copias de seguridad de las computadoras, abstenerse de organizar viajes o salir de excursión, y prestar mucha atención a la manera en que te estás comunicando contigo y con las demás personas. Mercurio no es el único planeta que entra en retroceso. Todos los planetas atraviesan este fenómeno en algún momento, pero pareciera que Mercurio retrógrado es el más popular.

Instrumentos

· · · · · · · · · · ✳ · · · · · · · · · ·

Instrumentos como los cascabeles, las maracas y diferentes tipos de tambores, cuernos, cuencos sonoros y flautas se han utilizado durante generaciones en las prácticas espirituales indígenas. Recuerda que los sonidos que producen representan los elementos agua y aire, por lo cual resulta lógico que estas herramientas adivinatorias contribuyan a elevar los rituales y las prácticas espirituales.

Los cascabeles se han utilizado en varias tradiciones espirituales para limpiar y transformar energías e invocar a nuestras figuras ancestrales. La maraca, un instrumento de mano y para percusión que habitualmente se toca de a pares, se utiliza de forma similar.

Los tambores son una parte importante de muchas prácticas espirituales, rituales y celebraciones indígenas. Desde las congas hasta el batá, un tambor de dos parches con forma de reloj de arena que se usa en rituales espirituales y fiestas comunitarias, los tambores tienen un lugar especial en la vida indígena. El pueblo taíno usaba el mayohuacán, un tambor de hendidura de madera que se tocaba durante las ceremonias sagradas que se conocen como areítos.

Los cuernos se utilizaban en ceremonias y rituales espirituales. Una manera de hacerlo era soplar el cuerno una vez en cada uno de los cuatro puntos cardinales para honrar el equilibrio de la vida al comenzar un ritual. También se usan al cerrar una ceremonia, para agradecer a los elementos y las figuras ancestrales que ayudaron en el ritual. Durante una ceremonia, se pueden usar tambores para invocar figuras ancestrales y deidades.

Los cuencos sonoros son una herramienta adivinatoria que se utiliza en varias prácticas espirituales. La forma en que vibra el sonido de los cuencos puede aliviar la tensión y la ansiedad, contribuir a que fluya la energía bloqueada y generar sensaciones de paz y relajación. De manera similar, el sonido de una flauta puede ayudar a mejorar el flujo energético e invocar un despertar espiritual. El sonido de la flauta puede contribuir a tu estado durante la meditación mientras tu alma viaja a diversos espacios y lugares.

Péndulo

Los péndulos se utilizan para ayudar a encontrar zonas del cuerpo donde la energía está bloqueada o desequilibrada. Un péndulo es una excelente herramienta para utilizar en prácticas de sanación de la energía, como el reiki, que se ocupa de alinear los chakras y aliviar el estrés y la ansiedad. Sostener el péndulo por encima de la palma de tu mano abierta o de la zona del cuerpo con la que estés trabajando te mostrará si la energía está fluyendo bien o si puede estar bloqueada. Si el péndulo gira en sentido horario, esto representa un buen flujo energético. Si no se balancea para nada o si apenas se mueve, esto indica que la energía está estancada o bloqueada. Si gira en sentido antihorario, puede ser indicio de que hay energías negativas o mal de ojo. Una vez que hayas identificado la zona que necesita un poco más de amor, puedes concentrarte en sanar y equilibrar esos centros energéticos para ayudar a purificar la mente y el cuerpo y obtener más claridad.

Escribir un diario

Una herramienta adivinatoria bastante poderosa es llevar un diario. Puedes crear un diario de gratitud para registrar tus pensamientos diarios sobre las cosas de tu vida por las que estás agradecida: esta actividad atrae sentimientos de paz y alegría. Escribir un diario también puede ayudar a liberar la mente. Cuando estés agobiada o confundida, intenta anotar tus pensamientos. Suelta en esas páginas todo lo que estés sintiendo. No te preocupes por la caligrafía, la gramática ni la puntuación. Solo escribe. Te sorprenderá todo lo que puedes soltar energéticamente tan solo con descargar tus pensamientos en la página.

CAPÍTULO DOCE

MAGIA PRÁCTICA EN LA VIDA COTIDIANA

Nos hemos ocupado de una gran variedad de rituales y prácticas que puedes adoptar para mejorar tu salud espiritual. Ahora es momento de ponerlos en práctica en tu vida cotidiana. Recuerda que ser una bruja, una curandera, una espiritualista o una mística es una elección de estilo de vida, no una curita para los problemas de la vida. Sanar traumas pasados es una práctica continua. Es posible que un solo ritual o ceremonia no te sanen por completo. Con el tiempo, estas prácticas que adoptamos en nuestras vidas pueden sanarnos, liberarnos de la negatividad y prepararnos para enfrentar futuros obstáculos y recuperarnos de ellos de una mejor manera.

Recuerda que las prácticas espirituales que se describen en este libro son un muy buen complemento de la rutina habitual de salud, como los chequeos generales anuales y la psicoterapia. Siempre consulta con una persona adulta o profesional si tienes problemas de salud mental o física y necesitas ayuda.

Prácticas matutinas

············· ❋ ·············

Considera incluir una práctica de gratitud durante la mañana, en la que simplemente agradezcas por todas las cosas de tu vida, las grandes y las pequeñas. Podría no ser más que el simple reconocimiento por tener pasta y cepillo dental para cuidarte los dientes, jabón y una ducha para bañarte, lavarte la cara y el cabello. Tu gratitud también puede ser por algún acontecimiento más importante de tu vida, como graduarte de la secundaria y poder continuar con los estudios superiores que elijas. O quizá estés agradecida por lo mucho que creciste en tu camino de sanación. Sin dudas, es algo por lo que estar agradecida.

Otros rituales matutinos espirituales que son muy buenos y que puedes incluir fácilmente en tu vida son sacar una carta para el día, meditar, hacer estiramientos o algún tipo de movimiento y, además, brindarte protección espiritual. Si no realizas ninguna otra práctica, recuerda proteger tu energía antes de salir de casa. Puedes rociarte un poco de Agua de Florida o imaginar que una hermosa luz se forma a tu alrededor y te protege de la energía de las demás personas y de fuerzas externas que no quieres llevarte contigo al volver a casa.

Haz todo lo posible por no mirar tu móvil durante, al menos, media hora o una hora después de despertarte. En vez de eso, reemplaza el escroleo matutino en las redes sociales por afirmaciones en voz alta. Esto afectará positivamente tu actitud y tu energía mucho más de lo que podrían hacerlo las redes sociales.

Prácticas nocturnas

· · · · · · · · · · · ✳ · · · · · · · · · · · ·

Una buena manera de cerrar el día y asegurarte de que te vas a dormir sintiéndote bien es tener una piedra de la gratitud al lado de la cama. Antes de quedarte dormida, sostenla en la mano y piensa en algo bueno que te haya sucedido durante el día. Incluso en los días más difíciles hay algo bueno. Quizá tengas que explorar un poco más, pero allí está, aun si la mejor parte de tu día es estar acostada en la cama sosteniendo una piedra de la gratitud. Si es así, dilo. Elijas lo que elijas, reconócelo pensando en ello en silencio o diciéndolo en voz alta. Puede que te haga sonreír. ¡Qué forma tan hermosa de irse a dormir!

Escribir en el diario por la noche es otra muy buena práctica nocturna. Deja que el día se quede en la página y libera tu energía. Una vez que esté en la página, cierra el cuaderno. Ni siquiera es necesario que lo vuelvas a leer, a menos que así lo quieras. Una gran alternativa a la escritura de un diario es la grabación de audios de voz. Puedes permitirte decir todo lo que esté en tu mente y en tu corazón. Luego termina la grabación y, si más adelante quieres volver a ella, allí estará. De lo contrario, no es necesario que vuelvas a escucharlo. Soltarlo será sanador.

Protege tu energía

· · · · · · · · · · ❊ · · · · · · · · · · ·

Proteger tu energía es importante, lo hemos mencionado más arriba. Aquí profundizaremos un poco más en por qué es tan importante. El aura es un campo electromagnético con forma ovalada que rodea nuestro cuerpo. Este campo puede estirarse unos cuantos centímetros hacia afuera y, por lo tanto, puede chocar con la energía de otras personas. Cuando protegemos nuestra energía, nos aseguramos de no absorber la de nadie más ni perder la nuestra.

Visualizar una luz protectora a tu alrededor es una excelente manera de hacerlo, así como rociarte con Agua de Florida con la intención de usarla para la protección espiritual. También podrías llevar contigo un cristal que sea bueno para la protección espiritual, como la turmalina negra o la selenita. Guárdalo en el bolsillo durante el día y, si llegas a pasar por algún momento en que necesites protección espiritual, simplemente toca el cristal y recuerda que estás segura.

También puedes llevar contigo una botellita rociadora con Agua de Florida y, cada vez que sientas necesidad de renovar tu protección espiritual, puedes rociarte un poco en las manos e inspirar profundamente, imaginando que así se revitaliza la burbuja de energía que colocaste a tu alrededor por la mañana.

Protege tu espacio

Como hemos mencionado, los dormitorios, otros espacios de la casa y nuestro espacio en la escuela tienen energía, y cuando muestras gratitud, esa energía vuelve a ti. Puedes mostrar el amor que le tienes a tu dormitorio limpiándolo de forma constante. Recuerda ser siempre cuidadosa cuando manipules fuego y pedirle ayuda a una persona adulta. Puedes usar salvia, palo santo, una vela o cantar, bailar e incluir música o sonidos para elevar la energía de tu dormitorio, no importa cómo lo hagas. Lo importante es la intención de purificar energéticamente tu espacio personal.

Abrir puertas y ventanas para permitir que circule el aire por tu espacio personal es una muy buena forma de eliminar la energía estancada. Colocar cuencos con agua en superficies altas, como la parte superior de una cómoda o una biblioteca, puede ayudar a absorber la energía negativa y mantener el dormitorio con una sensación de energía renovada. Cambia el agua una vez por semana para asegurarte de estar al día con el cuidado espiritual. Recuerda que la intención es lo más importante. Las herramientas que utilizas complementan las intenciones que has establecido al comienzo de cualquier ritual espiritual.

Cómo rezar

Una de las mayores enseñanzas de este libro es que debes escuchar tu intuición, esa voz interna que te ayuda a orientarte en la vida. Esto también se aplica a la oración. No existe una única manera de rezar. Algunas personas rezan arrodilladas, otras cantan o bailan. La forma que elijas es tu manera de conversar con el Poder Superior. Así que no lo pienses demasiado.

Si nunca lo has hecho, puedes comenzar juntando las manos en posición de rezo, palma contra palma, con los dedos hacia arriba y las manos cerradas cerca del corazón. Luego, conecta con lo que necesitas decir. Es posible que las palabras no se te ocurran de inmediato, pero aguarda un momento y puede que te sorprendas con lo que aparezca. Habla con Dios y comparte lo que desees decirle o pedirle. Puedes rezar por ti, por otra persona, por un grupo de gente o por el conjunto de todas las personas y todas las cosas en el Universo. No hay reglas. Tu relación con el Poder Superior es muy personal. Adáptala como tú lo desees. Recuerda que siempre cuentas con su compañía. Incluso los días en los que te sientas sola, puedes hablar con el Espíritu.

Este es un ejemplo de una oración por alguien que tiene dificultades para tomar una decisión sobre algo importante en su vida.

Gran Espíritu, rezo para que me guíes al momento de tomar esta decisión. Me siento perdida y no sé qué hacer. Por favor, dame una señal o ayúdame a vislumbrar mi camino. Sé que avanzaré de forma segura con tu guía y protección y con el apoyo de mi equipo espiritual. Agradezco tu presencia en mi vida y en la vida de las personas que amo. Que así sea.

Una vez que hayas terminado de rezar, permanece sentada en silencio por un momento para ver si recibes algún mensaje. De lo contrario, concluye la oración como mejor te parezca. "Que así sea" es una frase de cierre que se usa en muchas prácticas indígenas y puede tener ligeras variantes. Yo digo, "Han Han Katú. Han Han Katú", que significa "Qué así sea" en taíno, y se escribe de diferentes formas. A veces, me inspiro en decir "Amen." Adáptala como quieras y como tú sientas que es la manera correcta.

Sobre la sanación mediante el trabajo

·············❊·············

La sanación te permitirá brillar con luz propia en tanto llevas una vida basada en el amor y la amabilidad, y además te brindará la capacidad de atravesar la vida en los momentos buenos y los no tan buenos. La vida es un viaje que puede ser mucho más hermoso de lo que imaginamos. Somos responsables de reconocer la conexión que tenemos con todas las cosas y las personas que nos rodean, vivir con amor en el corazón y superar las sombras para continuar el crecimiento personal. Cuando las cosas no salen como queremos, podemos sentirlo como un desafío. Sin embargo, ten la tranquilidad de que, más allá de la oscuridad que enfrentemos en la vida, esa hermosa fuerza vital, esa luz, nuestra luz, sigue brillando. Crear límites saludables en tu vida te ayudará a protegerte. Nunca dejes de brillar por otra persona. Haz brillar tu luz, y ayuda a sanar el mundo a través de tu sanación personal y viviendo tu verdad.

La experiencia latina en Estados Unidos conlleva desafíos propios, como puede ser padres que hayan venido de otro país o que te hayas mudado a Estados Unidos cuando eras más chica y no hablabas el idioma. Recuerda las herramientas que menciona este libro: están para ayudarte. Tu luz sigue brillando con fuerza, aunque en la vida te hayas enfrentado a más desafíos que cualquier otra persona adolescente de tu edad. Las circunstancias en las que nacemos no influyen nuestra capacidad para sanar y brillar con fuerza.

Hacer rituales para otras personas y mascotas

A medida que avances con tus prácticas espirituales y comprendas lo que significa ser una bruja, empieza siempre primero por ti. Una vez que ganes más confianza en tu magia, podrás ofrecerte para hacer los rituales y las prácticas espirituales a otras personas y a tus mascotas.

Trabajar con las personas cercanas a ti es una excelente manera de seguir aprendiendo y de perfeccionar tu práctica. No todo el mundo está interesado en estas prácticas, así que busca a las personas que estén dispuestas a probarlas y que estén abiertas a ellas. Ya sea que estés haciendo una lectura de tarot o una limpia con huevo para otra persona, tómate tu tiempo y usa la intuición como guía para ver cómo se sienten y qué necesitan. A medida que sigas practicando, te sentirás más a gusto con tu magia y profundizarás en tus conocimientos.

Sé amable con la persona con la que trabajes. También es una buena idea explicar cada paso mientras avanzas o al comienzo del ritual. Cuéntale a la persona lo que vas a hacer y lo que puede suceder. Por ejemplo, si para comenzar el ritual usas Agua de Florida para purificarla, explícale que le vas a rociar las manos o el espacio a su alrededor para limpiar la energía y prepararla para el ritual. Luego continúa con los pasos siguientes. Esto contribuirá a generar confianza con la persona o animal con quien trabajes.

CONCLUSIÓN

Cómo seguir
adelante con tu magia

·········· ❄ ··········

Es un camino hermoso el que hacemos cuando abrazamos la magia que llevamos dentro y aprendemos a utilizarla para mejorar nuestras vidas, sentirnos más alineadas con nuestro entorno y sanarnos a nosotras mismas y a las demás personas. Ahora que comenzaste el recorrido que te lleva a comprender mejor las luces y las sombras en tu interior, puedes empezar a descubrir muchos aspectos de la vida y el papel que desempeñas en este viaje humano.

La mejor manera de utilizar este libro es complementarlo con tu intuición. ¿Qué fue lo que realmente te interpeló? ¿Qué te causó curiosidad como para seguir investigando? Quizá haya prácticas y rituales descriptos que realmente resuenen contigo. Si es así, este podría ser un llamado para profundizar y aprender algo más sobre ellos. ¿En qué lugar del cuerpo sientes la curiosidad? Puede que sea en los hombros o en la panza. Coloca las manos allí y envíate amor. Respira hondo para tranquilizarte y regular tu sistema. A esto se refiere la expresión estar comunicada con el propio cuerpo. Aprender a comunicarte con el cuerpo y escuchar tu intuición es fundamental para ser bruja. Si le prestas atención a tu cuerpo y tu mente, tu espíritu te lo va a agradecer.

Eres la estrella de tu vida y mereces que te traten con el máximo respeto y amor. Nunca lo olvides. La magia que aportas a este mundo es una bendición y, si sientes que tu camino es desarrollar la bruja interior, ¡sigue adelante! El mundo necesita de tus dones.

AGRADECIMIENTOS

El Espíritu me ha guiado desde que inicié el proceso de escritura de este libro. Permití que la creatividad fluyera en mí a medida que tipeaba las palabras en la página. También otras personas me apoyaron a lo largo del proceso, en ocasiones incluso sin saberlo. Durante el período en el que escribí el libro, mi Titi Carmen luchaba contra el cáncer. Su amoroso espíritu brilló hasta el final, cuando abandonó el plano de la vida humana, el 4 de junio de 2024. La última vez que la vi, sostuve su mano y le canté suavemente al oído. Le costaba hablar, pero cuando terminé de cantar dijo: "Te escuché". Ahora, forma parte de mi equipo espiritual como una figura ancestral poderosa. Titi Carmen fue siempre muy dulce conmigo, siempre me alentó para que fuera escritora y me apoyó como madre y mujer. Gracias, Titi Carmen, por haber sido tú. Te voy a extrañar mucho en esta vida, pero sé que tu espíritu sigue vivo y que aún está presente en la vida de las personas que quieres.

También quiero agradecer a mi madre, Rafaela Rivera, que siempre me ha apoyado en el oficio de escribir, incluso cuando garabateaba los primeros versos en mi diario a los nueve años. Siempre tuvo tiempo para sentarse y escuchar una nueva historia, un poema o una canción que había escrito, y aún hoy lo hace. Siempre estaré agradecida por mi madre y la mujer resiliente que es: magia pura. Y gracias a mis hermanas brujas, Kathy y Damaris, a quienes amo tanto, y a nuestra matriarca, Mama.

Gracias a mi profesor de lengua de la secundaria, el Sr. DePeter, que fue el primero en inspirarme para ser escritora. Escribí un poema para mi clase cuando me gradué en la New London High School de New London, Connecticut. El Sr. DePeter lo leyó y me dijo: "Podrías ser una escritora profesional". Yo nunca había escuchado esas palabras, y él, sin darse cuenta, plantó la semilla que cambiaría la trayectoria de mi vida para siempre. Las personas que se dedican a la enseñanza y hacen un buen trabajo pueden tener un profundo impacto en la vida de sus estudiantes.

También quiero agradecer a todas las maestras y los maestros espirituales que han entrado en mi vida, porque sus conocimientos y cuidados me han guiado a un lugar donde me siento segura de mi magia. Una mención especial para Priscilla Colon, fundadora de Casa Areyto, por haber aportado sus ideas y conocimientos durante el proceso de escritura de este libro. Te estoy muy agradecida, amiga.

Por último, agradezco a mis tres hijos por ser mis musas. Son la chispa de mi llama, el latido de mi corazón y la luz de mi vida. Encontré la magia de verdad cuando llegaron a mi vida. Primero, con mi hija mayor, con quien compartí once años antes de recibir a los mellizos. Vivo y respiro en gratitud hacia ustedes tres, por siempre.

SOBRE LA AUTORA

Durante más de veinte años, Zayda Rivera ha publicado artículos en diferentes medios sobre una variedad de temas, como entretenimiento, noticias de último momento, cultura popular, política, estilo de vida, maternidad, temas de mujeres, espiritualidad y astrología. Participó como poetisa destacada durante la gira de un recital de poesía, ha sido anfitriona de eventos y ha moderado paneles de debate muchas veces a lo largo de su carrera, y es la productora ejecutiva de numerosas galas de premios de alto nivel y actos comunitarios.

Zayda vive en estado de gratitud y ayuda a otras personas a vivir una vida basada en la verdad y con atención al presente a través de su emprendimiento, Mindful Living with Z (Vivir de manera consciente con Z), que lanzó en 2019, justo antes de la pandemia. Su empresa creció por medio de sesiones virtuales con personas de todo el país y el mundo que buscaban guía y apoyo espiritual durante una de las épocas más difíciles de la historia reciente. Zayda agradece todos los días haber escuchado su intuición, que la impulsó a estudiar y aprender cómo trabajar con la energía como maestra de reiki y con el tarot, la meditación y el yoga.

Sus mayores logros hasta la fecha son sus tres hermosos hijos. Zayda cree firmemente que, junto con Dios, somos cocreadoras de la vida y que, cuando vivimos con esa certeza, la vida es mágica y hermosa más allá de lo imaginable.

SOBRE LA ILUSTRADORA

Jennifer Dahbura es una ilustradora y artista de El Salvador en Centroamérica, y ha trabajado de ilustradora desde 2014. Creciendo entre mujeres empoderadas, su arte es una reflexión del impacto de esas relaciones. Caracterizado por colores vibrantes, texturas opulentas y diseños elaborados, su arte deriva inspiración de la cultura salvadoreña y el entorno natural. Usando el misticismo de los mitos, legendas y tradiciones para una estampilla mística y mágica en su arte, las ilustraciones de Jennifer combinan folklor, las emociones, y la belleza de la naturaleza. Ha trabajado con proyectos editoriales, comerciales, y proyectos de branding, siempre incorporando su estilo narrativo en cada creación.